하루 만에 수익 내는
데이트레이딩
3대 타법

하루 만에 수익 내는
데이트레이딩
3대 타법

초판 1쇄 발행 | 2021년 3월 16일
초판 5쇄 발행 | 2023년 5월 25일

지은이 | 유지윤
펴낸이 | 박영욱
펴낸곳 | (주)북오션

주 소 | 서울시 마포구 월드컵로 14길 62 북오션빌딩
이메일 | bookocean@naver.com
네이버포스트 | post.naver.com/bookocean
페이스북 | facebook.com/bookocean.book
인스타그램 | instagram.com/bookocean777
유튜브 | 쏠쏠TV·쏠쏠라이프TV
전 화 | 편집문의: 02-325-9172   영업문의: 02-322-6709
팩 스 | 02-3143-3964

출판신고번호 | 제2007-000197호

ISBN 978-89-6799-583-6 (03320)

데이트레이더를 위한 실전 차트 매매 기술

하루 만에 수익 내는
데이트레이딩
3대 타법

유지윤 지음

 북오션

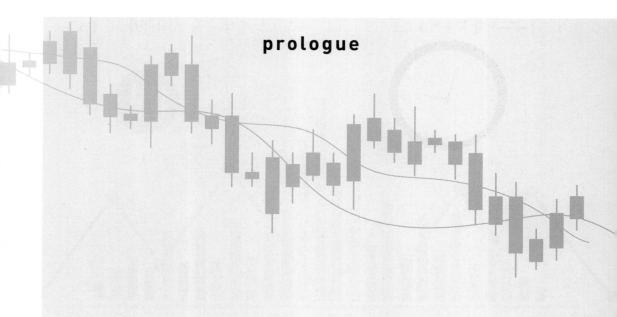

prologue

2020년, 잠잠하던 주식시장에 대형 폭풍이 몰아칩니다. 코로나19가 발생하자 세계경제가 무너진다면서 증시가 폭락했습니다. 코로나19의 영향을 예상해 종합지수 1000포인트가 무너진다는 전망도 나오기 시작했습니다.

그러나 반전이 일어납니다. 증시가 급락한 다음 바로 반등이 나오더니 살아나기 시작합니다. 처음엔 다들 반신반의 했지만 종합지수가 점점 상승하자 동학개미라는 이름으로 개인들이 증시로 몰려오기 시작합니다.

빠른 시간 내에 증시가 V자 상승을 하더니 코로나19 이전으로 지수를 회복시킵니다. 거기서 끝이 아닙니다. V자 상승을 완성한 이후에도 지수가 가파르게 상승해 코스피지수가 역사상 최고치를 찍습니다. 그리고 결국 코스피지수가 꿈에 그리던 3000포인트를 넘어서지요.

수많은 개인 투자자가 열광하며 주식시장에 참여해 누구나 매수만 하면 돈을 벌 수 있었던 시기가 바로 2020년이었습니다. 그러나 2020년의 수익 파티는 끝났습니다. 이제는 아무 종목이나 매수해서는 수익을 낼 수 없습니다. 2008년 금융위기 후 12년 만에 온 한 번의 기회였던 것이죠.

파티가 끝난 이제는 개인 투자자가 수익을 내기 호락호락한 장이 아닙니다. 이제부터는 선택을 해야 하지요. 장기 투자를 할 것인가, 단기 투자로 수익을 낼 것인가?

2020년에는 장기 투자가 답이었습니다. 그러나 이제 단기 투자가 대안이 될 수 있다고 말씀드립니다. 장기 투자를 해도 2020년 같은 큰 수익을 기대할 수 없다면 단기 매매로 수익을 극대화하는 방식도 좋다는 뜻이죠.

문제는 데이트레이딩이라 불리는 단기 투자가 쉽지 않다는 것이죠. 그렇다고 장기 투자도 쉬운 게 아닙니다. 아무 종목이나 올라가는 장은 끝났으니까요.

개인 투자자는 애널리스트가 아닙니다. 시황 전문가도, 한 업종만 매일 연구하는 연구원도 아닙니다. 하루 종일 연구해도 시황 예측이 어려운데 전문적으로 공부한 적이 없는 개인 투자자가 시황과 업종을 분석하고 상승할 종목을 맞추는 것은 더욱 어렵습니다.

장기 투자가 어차피 어렵다면 단기 투자를 해보는 겁니다. 어렵게 분석해서 1년에 20%의 수익을 올리느니 1개월에, 1주일에, 1일에, 1시간에 20%를 올릴 수 있는 단기 투자를 해보자는 것이지요.

단기 투자는 어렵다고 하지요. 당연히 어렵습니다. 그러니 연구하고 공부해야 합니다. 짧은 기간에 20%의 수익을 올리려고 하는데 쉬우면 누구나 하겠죠. 어려우니 희소성이 있는 겁니다. 이 책은 데이트레이딩에 관심 있는 투자자에게 차트를 어떻게 선정하고 매수 타이밍은 어떻게 잡는지 알려드리고 있습니다. 물론 이 책의 내용이 정답은 아닙니다. 주식 매매에 정답이란 있을 수 없지요. 다만 더 높은 단계로 올라가는 디딤돌은 될 수 있을 겁니다.

파티가 끝난 후, 개인 투자자에게 어려운 장이 열리고 있습니다. 하지만 주식시장이 어렵지 않을 때가 있었나요. 어렵다고 포기하지 말고 다시 시작한다 생각하고 해보십시오. 본인이 준비가 될 때까지 연습하고 연구하라고 말씀드리고 싶습니다.

투자자금이 많다 하더라도 한순간의 실수로 돈을 잃을 수 있는 곳이 바로 주식시장입니다. 반대로 준비된 한순간의 선택이 여러분을 부자로 만들어 줄 것입니다.

데이트레이딩은 많은 매매법이 있습니다. 트레이더마다 노하우가 다르기 때문이지요. 이 책은 최대한 쉽게 데이트레이딩을 할 수 있게 하는 것이 목표입니다. 그러다 보니 깊이 있는 노하우보다 보편적으로 접근할 수 있는 방법을 선택했습니다. 스윙매매 종목 발굴에 데이트레이딩을 접목하는 것입니다.

투자 입문자라면 이 책에서 스윙매매와 데이트레이딩을 같이 배우실 수 있을 겁니다. 이 매매법을 발판 삼아 실전에서 자신만의 노하우를 접목한다면 분명 성공하는 투자자가 될 수 있을 겁니다.

부족한 원고를 잘 편집해 주신 편집자 여러분과 원고 출간을 결정하신 북오션 박영욱 대표님께 깊은 감사의 말씀을 전해 드립니다.

유지윤

contents

데이트레이딩이 어려운 이유는 장기 투자처럼 정형화된 매매법이 없기 때문입니다. 데이트레이딩은 개인 투자자의 매매 방법이나 습관, 시장을 보는 시각과 정보에 따라 달라집니다. 누구는 호가창만 보고 매매할 수도 있고, 또 누군가는 거래량 증가, 종목 검색식, 전일 대비 거래량 증가 종목, 수급 등 다양한 정보를 가지고 자신만의 노하우를 쌓고 매매를 합니다. 그래서 데이트레딩은 어느 것이 정답이라고 말할 수 없습니다.

1 chapter

왜 데이트레이딩인가

장기 투자가 답이다?

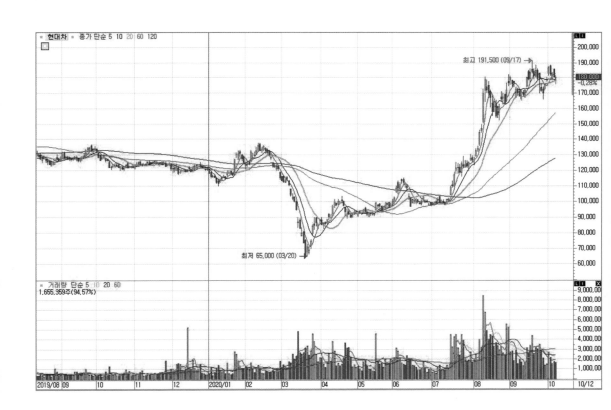

먼저 이 종목의 장기 차트를 살펴보겠습니다. 차트 초반 주가가 완만히 움직이다가 코로나19가 발생하면서 급락합니다. 이후 주가가 조금 반등하다가 기업 성장성이 확보되면서 코로나19 발생 전 주가를 넘어 상승합니다.

그러나 이 차트는 1년이 넘는 시간을 압축한 것입니다. 개인 투자자 입장에서 1년이 넘는 시간 동안 이 종목을 보유하는 건 정말 쉬운 일이 아닙니다. 주가가 안 오르는 건 둘째 치고 악재로 주가가 급락하는데 어떤 믿음을 가지고 보유할 수 있나요. 그리고 주가가 반등하는데 변동이 심합니다. 손실이 난 상태에서 주가가 오르면 안심되지만 도로 하락하면 아주 불안해집니다. 결국 강심장이 아니면 결국 주식을 중도에 매도하고 맙니다. 말은 쉽지만 장기 투자는 정말 쉬운 일이 아닙니다.

우리는 주식 투자를 하려면 장기 투자를 하라는 말을 많이 듣습니다. 장기 투자만이 정답이라고 말하기도 합니다. 그리고 단기 투자의 위험성을 말하기도 합니다. 하지만 장기 투자가 얼마나 어려운 일인지 이 종목만 봐도 알 수 있습니다. 요동치는 주가를 보고 매도를 안 한다는 건 정말 어려운 일이지요.

데이트레이딩이 어려운 이유

주식 투자는 크게 장기 투자와 단기 투자가 있고, 단기 투자 중 대표적인 방식이 데이트레이딩입니다.

앞에서 장기 투자가 쉬운 것이 아니라고 말씀드렸죠. 그렇다면 데이트레이딩은 쉽냐? 아닙니다. 장기 투자만큼 어렵습니다. 결론은 주식 투자 자체가 어렵다는 겁니다. 뭘 해도 어렵다면 차라리 빨리 승부를 볼 수 있는 데이트레이딩도 나쁘지 않은 선택이라는 것이죠.

데이트레이딩이 어렵다는 분이 많이 계십니다. 아까도 얘기했지만 주식 투자에서 쉬운 것은 없습니다. 데이트레이딩을 연습도 없이, 노력도 없이 하려니 어려운 것이죠. 연습은 해보고 어렵다고, 또는 나에게 맞지 않는다 말해야죠.

데이트레이딩이 어려운 이유는 장기 투자처럼 정형화된 매매법이 없기 때문입니다. 데이트레이딩은 개인 투자자의 매매 방법이나 습관, 시장을 보는 시각과 정보에 따라 달라집니다. 누구는 호가창만 보고 매매할 수도 있고, 또 누군가는 거래량 증가, 종목 검색식, 전일 대비 거래량 증가 종목, 수급 등 다양한 정보를 가지고 자신만의 노하우를 쌓고 매매를 합니다. 그래서 데이트레딩은 어느 것이 정답이라고 말할 수 없습니다. 다양한 방법 중에 돈을 버는 방법이 정답이겠죠. 트레이더 혼자 자신만의 방법을 찾아야 하니 장기 투자보다 어렵게 느껴지는 것입니다.

누가 데이트레이딩으로 돈을 벌었다고 하면 그 방법을 알아내 자신이 실전에 적용해 봅니다. 그런데 이상하게도 내가 하면 안 됩니다. 분명 그 사람이 그 매매 방법으로 돈을 벌었다고 했는데 내가 하니까 안 되는 겁니다.

그래서 지금까지 수많은 데이트레이딩 매매법이 공개되었지만 따라 해서 돈을 벌었다는 소식은 전해지지 않습니다. 이는 그 사람만의 노하우에 노력, 운 등이 결합돼 수익이 난 것인데 이것을 공식화하니 안 되는 것이죠. 그리고 주식시장은 매번 상황이 달라지기 때문에 그 매매법이 성공할 때도 있고 안 될 때도 있습니다. 언제 적용해야 할지도 모르는 것도 실패의 원인입니다.

검증된 차트 분석부터 시작해라

그래서 저자가 제시하는 방법은 먼저 검증된 차트부터 찾으라는 겁니다. 상승 확률이 높은 차트부터 찾아내 그 종목을 가지고 시작하자는 것이죠. 상승 확률이 높은 종목이니 데이트레이딩에 성공할 확률이 높아지겠죠. 차트 발굴부터 시작해 거기에 자신의 매매 노하우를 쌓아가는 겁니다.

먼저 상승 확률이 높은 종목을 찾으려면 차트에서 주가가 어느 위치에 있는지부터 알아봐야 합니다.

이 종목을 보세요. 주가가 상승하다 밀려 내려가고 있죠. 상승할 가능성이 있나요? 떨어지는 칼날이니 추가 하락 가능성이 높죠. 이런 차트는 초보들이 접근하는 겁니다. '이 정도면 반등하겠지' 하면서 하락추세를 벗어나지 못한 종목을 매수하는 것이죠.

이 차트가 좋아 보였다면 데이트레이딩이 아니라 주식 투자를 처음부터 다시 배워야 됩니다. 이런 차트부터 걸러내는 연습부터 해야 하는 것이죠.

다음은 상승 확률이 높은 위치에 있는 차트를 고르는 겁니다. 그리고 그 종목이 움직일 때 매매를 하는 것이죠. 당장 움직이는 종목은 '실시간 상승률 상위' 종목을 찾아보면 됩니다. 그러나 그것만 봐서는 매매할 수 없습니다.

왜냐하면 그 종목이 어느 위치에서 움직이는지 모르기 때문입니다. 무슨 재료로 움직이는지, 수급이 왜 붙는지 알아야 움직이는 종목에 따라 들어갈 용기가 나지요.

그냥 시세만 쫓아 매매하다 보면 낭패를 보기 십상입니다. 그렇게 쉬웠다면 대한민국의 모든 사람이 데이트레이더가 됐겠죠. 그래서 확률 높은 구간에 있는 종목을 찾으라는 겁니다.

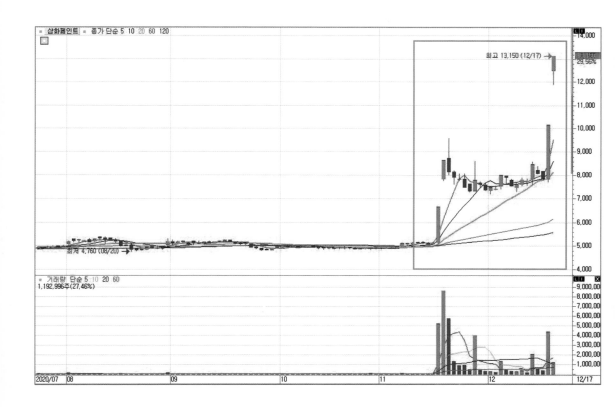

이 종목을 보세요. 잔잔히 흐르던 종목이 갑자기 상한가가 나오죠. 코로나19 관련주로 분류돼 주가가 급등하고 있습니다. 그런데 기습적으로 재료가 나오고 상승하다 보니 따라 들어가기 무섭습니다. 내가 매수한 순간 떨어질 것 같은 생각이 들기 때문이지요. 그런데 상승 이후 주가가 떨어지지 않고 옆으로 횡보하죠. 그러다 다시 2차 상승을 합니다. 이런 종목을 노리는 것이죠.

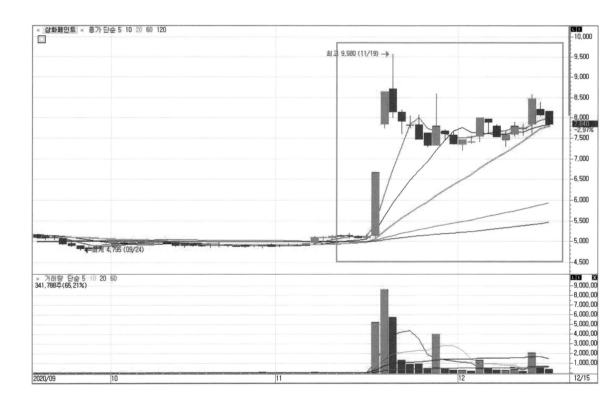

상한가가 두 번 나왔죠. 실전에서는 주가가 급등할 때 따라 들어가기 매우 어렵습니다. 내가 매수한 순간 떨어질 것이라는 공포감이 지배하기 때문이죠. 그런데 상한가 두 번 이후 주가가 횡보합니다. 주가가 높아졌죠. 그런데 차트가 안정감 있어 보입니다. 여기가 바로 우리가 노릴 지점입니다. 상한가 두 번 이후 주가가 떨어지지 않는다는 것은 선도세력이 남아 있다는 뜻이고, 그렇다면 이 종목을 노리고 있는 데이트레이더들도 많을 겁니다. 주가가 조금만 움직여 주면 전국의 트레이더가 달라붙어 주가가 더 크게 상승하는 것이죠. 이런 지점에 위치한 종목을 찾아내는 것이 첫 번째로 해야 할 일인 것이죠. 종목이 있어야 매매를 하든 말든 할 것 아닙니까. 미리 찾아놓은 종목을 매매하는 것과 그냥 아침에 움직이는 종목을 따라 들어가 매매하는 것은 완전 다릅니다.

똑같아 보일 수도 있지만 실전에서는 하늘과 땅 차이입니다. 우리는 이론이 아니라 실전을 배우는 겁니다. 실전에서 써먹을 수 있는 매매법을 배워야 하는 것이죠.

종목을 찾았으면 호가창과 분봉과 거래량을 보고 장중 대응해야 합니다.

오늘 이 종목은 장대양봉이 나왔습니다. 그러나 장대양봉이 나온 일봉만 봐서는 그날 주가 흐름을 알 수 없습니다. 일봉만 봐서는 어느 시점에 매매해야 하는지 정확히 판단하기 어렵습니다. 그러나 분봉을 보면 얘기가 달라집니다.

　　데이트레이딩을 하려면 반드시 분봉을 봐야 합니다. 물론 조금 더 숙달되면 호가창만 볼 수도 있지만, 그래도 분봉은 다들 켜놓고 보게 돼 있습니다. 그만큼 중요하다는 것이죠. 장대양봉이 나온 이 종목의 분봉을 볼까요.

분봉

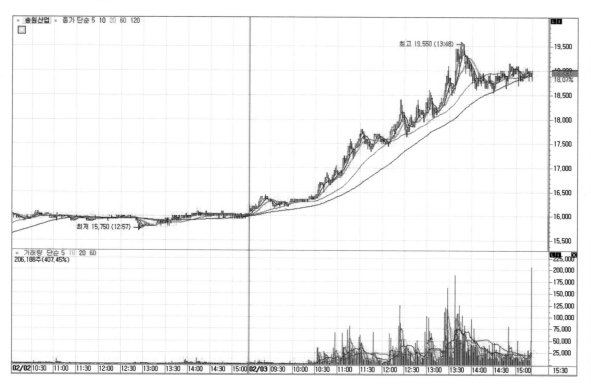

24

분봉입니다. 장중에 주가가 어떻게 움직였는지 확실히 보이죠. 장중에 한 번에 장대양봉이 만들어진 것인지, 매매자들의 엄청난 공방 속에 만들어진 것인지, 일봉만 봐서는 알 수 없는 것들이 보입니다. 그래서 장중 움직임을 확인하려면 반드시 분봉을 켜야 합니다.

물론 데이트레이딩을 제외한 다른 매매법은 일봉만 봐도 충분합니다. 그러나 데이트레이딩이라면 얘기가 달라집니다. 그래서 매매법에 맞는 차트 해석 방법이 필요한 겁니다. 장기 투자 하듯이 차트를 보면 안 되는 것이죠.

지금까지 이 책이 어떻게 차트를 찾아내고 데이트레이딩을 할 것인지 미리 알아보았습니다. 지금부터 이를 바탕으로 데이트레이딩 연습을 해보겠습니다. 아까도 얘기했지만 정답은 없습니다. 그러나 이 책의 내용이 초보 트레이더들에게 차트 해석 능력을 길러 주리라 믿습니다. 여기에 노력을 더하여 자기만의 노하우를 쌓는다면 분명히 독자 여러분도 성공하는 트레이더가 될 것입니다.

물론 쉬운 일은 아닙니다. 만약 쉬운 일이라면 누구나 부자가 되어 있겠죠. 부디 열심히 배우고 노력하셔서 성공하는 투자자가 되시기 바랍니다. 자, 그럼 배워볼까요?

"바닥에서 잡았으면."

아마 주식 투자자라면 누구나 한 번쯤 이런 말을 했을 겁니다. 바닥에서 매수할

수 있다면 수익은 그야말로 대박일 것입니다. 그러나 주가 바닥에서 매수하는 것

은 정말 어렵습니다. 주가가 상승하고 나서야 바닥인 것을 알 수 있기 때문이죠.

상승하기 전까지는 바닥인지, 폭락하기 전 마지막 매도 기회인지 알 수 없습니다.

그래서 누구나 상승하고 나서 바닥 타령을 하는 것이죠.

그러나 우리가 차트를 분석해 기회를 얻을 수 있다면 놓치지 말고 잡아야겠지요.

이번 시간에는 바닥에 있는 종목을 분석해 데이트레이딩으로 대응하는 방법을

배워보도록 하겠습니다.

2 chapter

시작부터 돈 버는
바닥 타법

바닥 탈출 종목을 공략하라

장기 차트

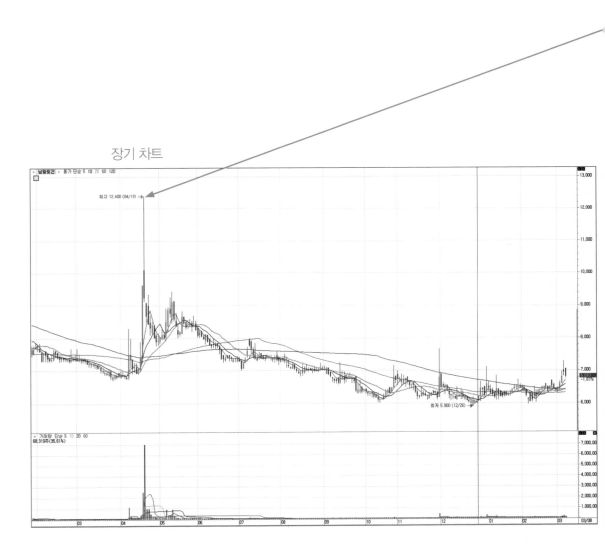

이 종목의 장기 차트를 살펴보겠습니다. 차트 초반을 살펴보면 **단기간에 주가가 치솟아 올랐다 하락합니다.** 이후가 중요해요. 주가가 하락하는데 거의 1년간 하락합니다. 이 종목을 보유하고 있다면 큰 손실을 입었을 겁니다.

우리는 주식을 하려면 장기 투자를 하라는 말을 많이 듣습니다. 장기 투자만이 정답이라고 말하기도 합니다. 그리고 단기 투자의 위험성을 말하기도 합니다. 하지만 장기 투자가 얼마나 어려운 일인지 이 종목을 보면 알 수 있습니다.

장기 투자를 하려면 경제뿐 아니라 보유하고 있는 종목의 동향, 기업 가치 등 알아야 할 것이 많습니다. 개인 투자자가 기업 분석을 한다면 어설플 수밖에 없습니다. 전문가 그룹과 경쟁이 안 되니 이들에 의존하게 되는데 앞에서 말했듯이 이들의 전망도 잘 맞는 것이 아닙니다. 남의 말을 듣고 장기 투자에 나선다는 건 위험한 행동입니다. 준비 없는 개인 투자자에게 장기 투자와 단기 투자의 차이는 돈을 천천히 잃느냐, 빨리 잃느냐뿐입니다.

다시 종목을 보면 주가가 계속 하락하는 동안 일시적으로 바닥을 탈출하려는 모습이 나오고는 있습니다. 하지만 의미 있는 반등은 없습니다. 그런데 최근 바닥에서 점차 상승하려는 모습입니다. 차트를 확대해서 살펴보겠습니다.

세부 차트 1

주가가 1만2000원대에서 하락하기 **시작해 5900원을 찍습니다.** 이후 상승 시도는 나오는데 전부 단발성이죠. 상승에 성공하지 못하고 있습니다. 좀 더 세밀하게 들어가면 이런 단발성도 공략 가능하지만 여기서는 넘어갑니다.

차트 전체를 보면 **쌍바닥**을 찍고 있습니다. 단발성 상승 외에 추가 상승은 없지만 차트를 보면 박스권이 형성돼 있습니다. 최근 4일간의 차트를 보면 **주가가 다시 올라갑니다.** 앞에서는 단발 상승으로 끝나고 말죠. 그런데 이번에는 물량을 소화하면서 올라가고 있습니다. 차트를 모르면 별 차이가 없는 것 같지만 큰 차이가 있습니다. **4일 동안 거래량도 증가**하고 있으니 단발성 상승과는 차이가 큽니다. 이 차이를 알아야 차트 분석이 가능하고 어떤 매매든지 가능한 겁니다.

앞에서와 달리 매일 거래량이 증가하면서 고점 매물을 소화해 주고 있어요. 앞의 매물을 천천히 매집하고 있는 겁니다. 왜일까요? 당연히 주가를 끌어올리려는 목적입니다. 이런 경우 주가가 앞의 7600원대의 고점을 돌파할 가능성이 매우 높습니다. 상한가에 근접한 강한 장대양봉이 나올 수 있는 것이죠. 데이트레이딩하기 좋은 자리가 나온다는 겁니다. 이제 공략 준비를 하면 됩니다.

세부 차트 2

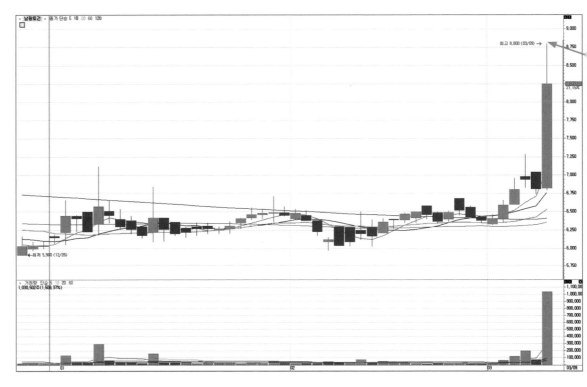

올라가죠. 거래량 터지면서 상승합니다. 세력이 4일 동안 준비한 종목입니다. 우리는 주가를 올릴 때 들어가는 돈뭉치 하나 들고 나오면 됩니다.

최고가 8800원까지 올라갑니다. 예전 같았으면 상한가 두 방짜리입니다. 두 방짜리가 한 방에 나왔습니다. 들어가서 돈 벌 확률이 이제는 두 배로 늘어난 겁니다. 데이트레이딩이 두 배로 쉬워진 것이죠. 더군다나 상승 전 예측을 하고 공략하니 더욱 확률이 높아집니다. 진짜 돈뭉치 들고 나올 수 있습니다. 은행 털 필요 없어요.

단, 노력을 해야 합니다. 최소한의 노력 없이는 아무리 쉬워도 안 됩니다. 은행원들 돈 세는 거 보셨죠. 돈 세는 것도 연습해야 돼요. 하물며 쉽게 돈뭉치 들고 나오도록 제가 가르쳐 주는데 연습 안 하면 답 없습니다. 이것도 귀찮으면 그만둬야 합니다.

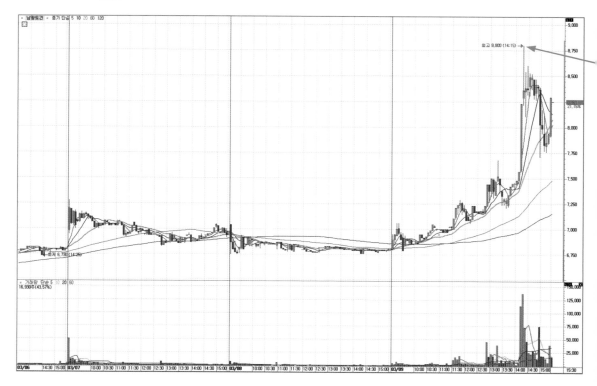

오전 장부터 상승하기 시작해 장 막판에 **최고점**을 찍습니다. 실력이 있으면 분봉 보고 매수해도 됩니다. 올라갈 자리에 있는 종목이기 때문에 거래량이 폭증하지 않더라도 증가하는 것을 보고 매매해도 좋습니다. 최상은 거래량이 급증할 때 노리는 겁니다.

어느 지점에서 공략하느냐에 따라 투자자 개인의 수익이 달라지는데 이건 실전에서 실력과 운이 좌우합니다. 조금 벌었다고 아쉬워할 필요 없어요. 많이 버는 것도 중요하지만 벌 수 있다는 것 자체가 제일 중요합니다.

바닥 확인 연속 지지 패턴을
공략하라

장기 차트

이 종목의 차트를 보니 참 안타깝습니다. 하락 후 1000원대를 간신히 유지하면서 반등을 시도하지만 결국 버티지 못하고 **동전주로 전락**합니다. 이렇게 약한 종목을 보유의 개념으로 접근했다가는 정말 낭패를 볼 확률이 높습니다. 모든 종목이 그렇지만 이런 종목은 특히 조심해야죠. '주가가 싼 데는 이유가 있다'라는 말을 새겨들을 필요가 있습니다.

하지만 보유의 개념이 아니라면 얼마든지 접근 가능한 것이 저가주입니다. 하루, 아니 몇 시간 정도 보유하는 것은 문제가 없잖아요. 정말 부실하다 판단되는 종목만 아니라면 괜찮습니다. 어떤 종목이든 위험성은 있습니다. 최소한의 위험성만 피해가면 됩니다.

세부 차트 1

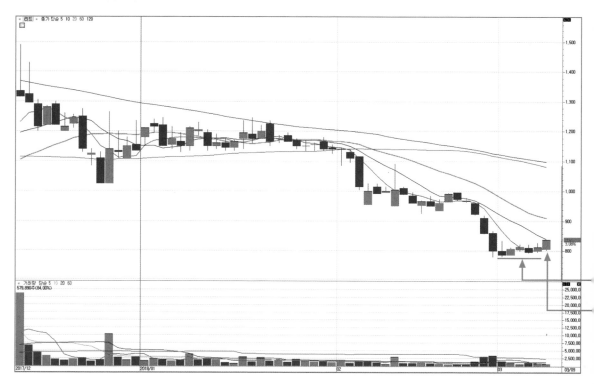

확대해서 보니까 차트가 자세히 보입니다. 지지하다 하락하고, 다시 지지하다 하락해 800원대까지 하락했습니다. 이 종목의 특징은 무작정 하락하는 것이 아니라 하락 도중 지지가 나온다는 겁니다. 주가를 지지하려는 세력이 존재한다는 것이죠. 주가 하락을 방지하려는 노력이 있다는 겁니다. 이런 종목은 반등시켜 주가를 제자리로 돌려놓을 가능성이 있습니다. 호재로 주가가 급등하지는 않겠지만 제자리로 돌려놓으려는 반등 시도는 나온다는 것이죠.

최근 주가를 살펴보겠습니다. 주가 하락 이후 연속 지지 캔들이 나오죠. 몇 개입니까? 5개입니다. 딱 1주일 지지입니다. 그리고 오늘 보니 3%짜리 **상승 캔들**이지만 주가를 끌어올리죠. 주가 바닥이 살아 움직이고 있습니다. 5일 조정 이후 주가가 바닥에서 꿈틀거리면 반등 시도가 나올 가능성이 높습니다. 동전주로 전락하지 않으려고 애쓰던 종목에서 바닥 탈출 조짐이 보입니다. 거래량도 최저 바닥이고 당연히 공략 준비를 해야죠. 다음 날 보겠습니다.

세부 차트 2

주가를 상한가로 마감시킵니다. 5지지 캔들로 바닥탈출 조짐을 확인했는데 결국 주가를 끌어올려 상한가로 만든 겁니다. 1000원대로 동전주 탈출입니다. 주가 관리 세력이 있다는 것이죠. 세력일 수도 있고 기업 자체에서 동전주가 되는 것을 방어하려고 주가 관리에 나선 것일 수도 있습니다.

우리는 내부 사정을 모릅니다. 우리는 세력도 기업 관계자도 아니니까요. 하지만 차트를 분석해 '이러한 지점에서 주가가 올라가겠구나'라는 예측과 판단을 할 수 있습니다. 물론 예측이 틀릴 수 있습니다. 당연한 겁니다. 그래서 매수하기 전에 확인하는 절차가 필요한데 그게 바로 **거래량**입니다.

종목을 준비하고 있다가 거래량이 터져 주면 호가창이나 전일 대비 거래량 증가 같은 것들을 확인하고 매매하는 겁니다. 이러한 매매법과 함께 중요한 것은 실전에서의 경험이겠죠. 이거는 반복 연습을 통해 익히셔야 합니다. 투자자 성향에 따라 종목을 보는 눈이 조금씩 다르고 투자 수익도 다를 겁니다. 중요한 것은 기본 원칙을 지키며 실력을 쌓는 것이죠. 고수가 아니더라도 돈을 버는 길은 열 수 있습니다.

분봉

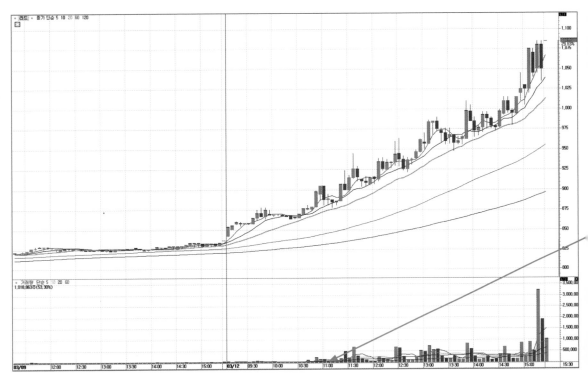

이 종목은 한 번에 급등하지 않습니다. 주가가 완만히 상승합니다. **11시부터 거래량이 점점 증가하는데요.** 이때 분봉이 이탈하지 않는 모습을 보고 매매해도 좋습니다. 분봉을 이렇게 예쁘게 만들어 가면 매매할 때 큰 도움이 됩니다. 단시간에 급등하는 종목은 호가창을 활용하는 게 중요하지만 이 같은 경우는 분봉을 활용할 때 더욱 좋은 매매가 가능합니다. 보유해서 상한가까지 끌고 갑니다.

폭락 후 첫 반등 캔들을 공략하라

장기 차트

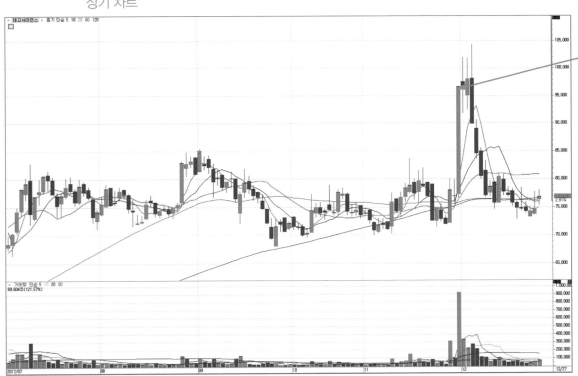

이 종목의 차트를 살펴보면 큰 상승 없이 주가가 움직입니다. 데이트 레이딩뿐만 아니라 다른 매매를 할 만한 자리도 쉽게 내주지 않은 종목입니다. 이런 종목은 강한 변화가 있어야 하는데 **최근 상한가**가 나옵니다. 확대해서 살펴보겠습니다.

움직임이 없던 종목이 갑자기 상한가가 나오죠. 그런데 더 이상 올라가지 못하고 하락합니다. 주가를 추가로 끌어올린 강한 재료가 있는 종목은 아니라는 것이죠. 그렇더라도 보통은 천천히 하락하는 경우가 많은데 이 종목은 급하게 하락합니다. 상한가로 상승한 주가를 도로 반납하고 주가가 제자리로 돌아갑니다.

이런 경우 다시 공략할 수 있을까 자세히 알아보겠습니다.

세부 차트 1

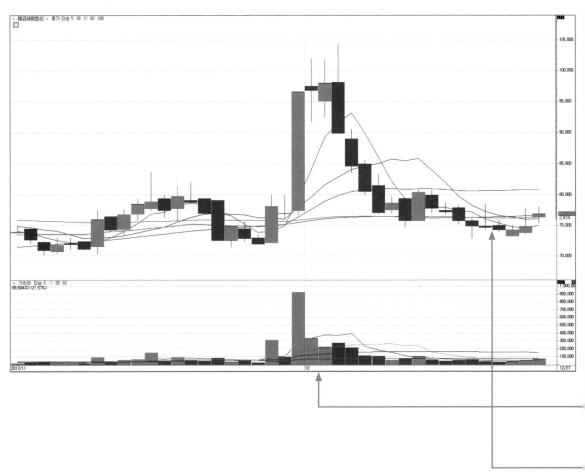

상한가가 나온 이후 주가가 버텨 줍니다. 추가 상승 기대가 있었습니다. 공략 가능한 종목이었죠. 하지만 추가 공략 자리가 안 나옵니다. 뭐가 부족하죠? 바로 거래량입니다. 차트가 좋아도 거래가 터져 줘야 들어갑니다. 그런데 **거래가 없으니까** 들어갈 자리가 없는 것이죠.

역시 거래가 없다 보니 주가가 급락해 다시 제자리입니다. 그런데 최근 며칠 **주가가 지지**되는 모습입니다. 3일간은 단봉이지만 양봉입니다. 오늘은 거래가 약간 늘면서 어제의 위꼬리 매물도 소화해 주고 있는 모습을 보입니다.

한 번 단기로 크게 끌어올린 종목이 추가로 올라가지 못하고 하락했을 경우, 그냥 끝나기보다 다시 한번 시세를 주기도 합니다. 한번 주가를 끌어올려 재미를 본 선도 세력이 다시 주가를 끌어올리는 것이죠. 이런 종목은 거래량이 터져줄 때 데이트레이딩으로 접근할 수 있습니다. 먹을 가능성이 있는 종목인 것이죠.

세부 차트 2

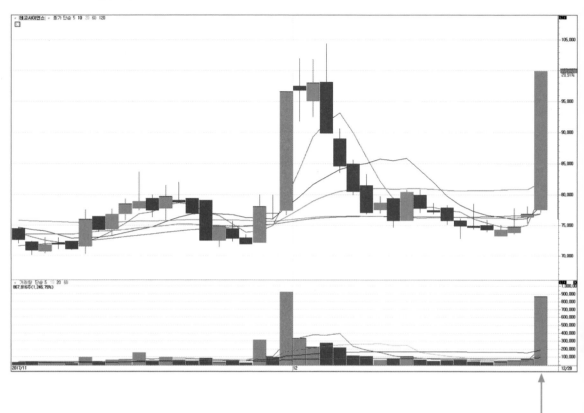

상한가입니다. 앞의 상한가와 비슷한 **거래량이 터져** 주면서 주가를 상한가에 만들었습니다. 상승 가능성이 있는 종목의 급소 자리에 자리 잡고 있다가 세력이 지나가면 올라타서 수익을 올리고 나오면 됩니다. 당일 움직이는 종목에 접근해서 한입 먹고 나오는 것입니다.

데이트레이딩이라고 해서 어렵게 생각는 분이 많은데. 쉽게 생각하고 접근하세요. 급소 자리에 죽치고 있다가 거래량 터지면 한입 먹고 탈출! 수익 짝짝짝! 끝. 그리고 다른 종목에 다시 죽치기. 쉽죠.

훈련만 되면 어렵지 않습니다. 연습이 필요합니다. 주식이 어렵다는 타령만 하지 마시고 어떤 것이든 하나만 잡고 연습하세요. 좋은 결과를 얻을 수 있습니다.

분봉

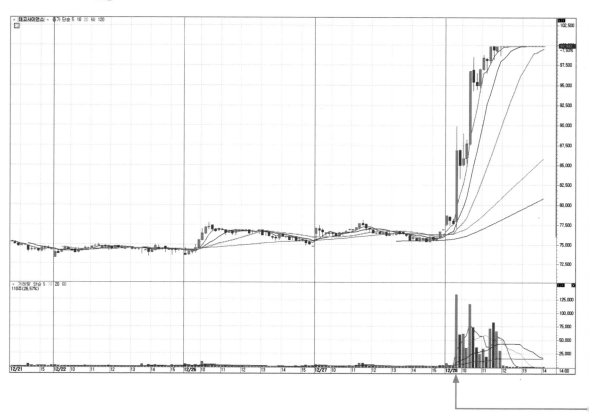

장 시작부터 **강하게 매수세**가 유입되고 있죠. 호가창을 통해 매수세를 확인하고 올라탔다가 돈을 거머쥐고 탈출!

이 종목은 워낙 강합니다. 강한 매수세가 계속 유입되기 때문에 초기에 잡았다면 상한가까지 홀딩해서 수익을 극대화하면 됩니다. 수익을 올린 상태라면 바로 매도하지 말고 조금 기다려 보세요. 지금처럼 상한가를 맛볼 수 있습니다.

최저 바닥 탈출 종목을 공략하라

장기 차트

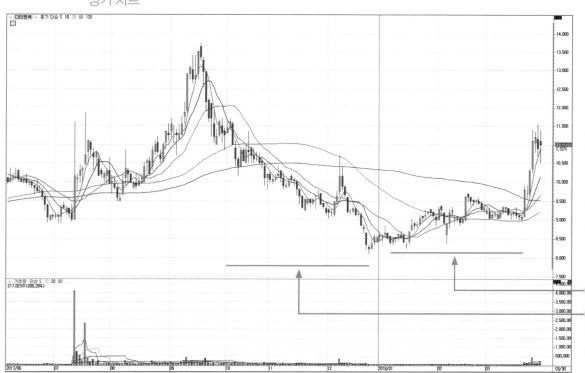

장기 차트를 살펴보겠습니다. 전형적인 상승과 하락을 하고 있습니다. 주가 상승 이후 **3개월 이상 하락**하면서 주가 상승을 전부 반납하고 8000원 초반까지 밀립니다. 이후 **2개월 이상 조정**을 받는데 주가는 횡보를 하지 않고 서서히 상승하고 있습니다. 8000원 초반 주가가 9000원대까지 올라섭니다.

그러다 최근 주가에 큰 변화가 일어납니다. 주가 급상승으로 9000원대 주가가 1만1000원대까지 올라갑니다. 상당한 변화가 있으니 우리가 접근할 수 있는 모습입니다. 자세히 살펴보겠습니다.

세부 차트 1

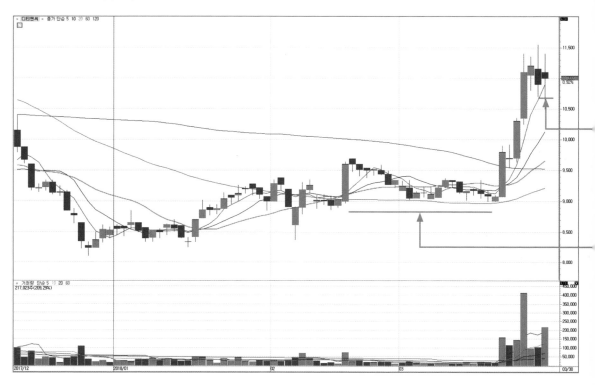

횡보하던 종목에 거래량과 함께 강한 장대양봉이 나옵니다. **지지 캔들 이후** 연속으로 강한 장대양봉이 나옵니다. 이후의 주가는 지지 캔들이 나오고 다시 상승할 것 같은 분위기였지만 상승을 멈추고 음봉이 나오고 있습니다. 캔들은 음봉이지만 자세히 살펴보면 **무너지지 않는 음봉입니다.** 지지 캔들로 봐야 합니다. 상승은 못 하지만 바닥 지지력도 강해서 적당한 가격에 종가 마감한 모습입니다.

이 경우 상승 전 지지 캔들 빼고 3일 상승, 3일 지지로 봐줘야 합니다. 3×3패턴이니 다음 날 상승할 가능성이 높다고 할 수 있습니다. 특히 오늘은 거래량이 증가하면서 장중에 물량을 소화해 주고 있습니다.

앞에서 본 장기 차트를 보면 1만3000원대에 고점이 있었습니다. 내일 상한가나 강한 장대양봉이 나와 주면 이 고점을 돌파할 수 있습니다. 전 고점까지 주가를 끌어올릴 가능성이 매우 높은 것이죠. 당연히 주목해서 봐야 합니다. 내일 매매법대로 움직여 주면 공략합니다.

세부 차트 2

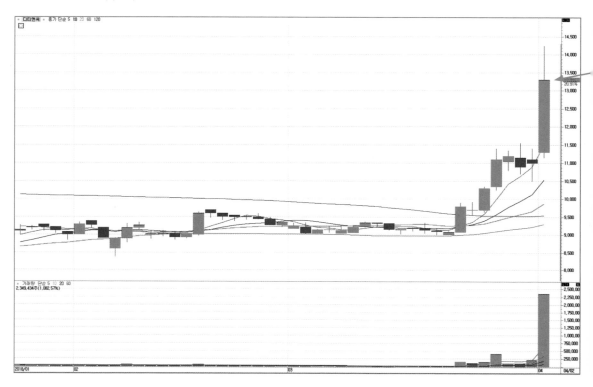

장대양봉이 나왔습니다. 종가 기준 21% 정도 상승 마감하였고, 장중에 1만4000원을 돌파했습니다. 상한가 15% 시절이라면 상한가에 안착해도 전고점 부근에 도달하지 못했을 텐데 변동폭이 30%인 요즘에는 멀리 있어 보이는 전고점도 단숨에 돌파해 버립니다.

이게 예전과 다른 점입니다. 그만큼 힘 있게 주가가 올라간다는 뜻이죠. 능력만 된다면 장중에 큰 수익을 얻을 수 있는 시대입니다.

이런 좋은 매매법을 어렵다고 몇 번 해보고 포기해서는 안 됩니다. 매매 환경이 예전과 달라졌습니다. 이것저것 해도 돈을 못 벌고 있는 주식투자자라면 한번 도전해볼 만하지 않을까요?

예전에는 잘 안됐지만 지금 의외로 잘 맞을 수도 있습니다. 해보지도 않고 안 된다고 하는 것보다 해보고 안 되는 편이 경험을 쌓는 면에서 보면 훨씬 도움이 될 것입니다.

분봉

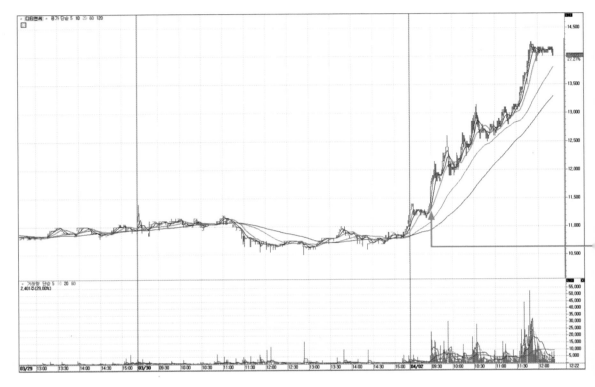

58

장이 열린 이후 **강하게 주가를 끌어올리고** 있습니다. 12시까지 보기 좋게 올라갑니다. 이 종목을 상승 초기에 잡았다면 미리 매도하지 말고 상승 흐름에 맡기는 것이 수익 극대화에 유리합니다.

잘 올라가는 종목은 장중에 조금 흔들려도 보유하는 것이 좋습니다. 불안하면 절반 정도는 이익을 실현하고 나머지 물량을 가지고 끝까지 보유하는 것도 괜찮습니다. 조금의 흔들림을 참으면 돈뭉치를 하나가 아니라 몇 개씩도 들고 나올 수 있으니까요. 많이 벌었다면 비상금도 따로 챙길 수 있습니다.

특히 이 종목처럼 장중에 흔들림 없이 상승하는 종목을 잡았을 때 제대로 챙겨야 합니다. 똑같이 급소 종목을 잡아도 흔들림이 크면 중간에 매도하는 경우가 흔하기 때문이죠. 이 종목처럼 깔끔하게 상승할 때 수익을 극대화해야 계좌에 돈이 쌓입니다.

바닥에서
연속 밑꼬리 캔들이 나오면 공략하라

장기 차트

장기 차트를 보겠습니다. 1500원대에서 지속적으로 하락해 **1000원을 깨는 지점까지** 왔습니다. 만약 이 종목에 물려 있다면 정말 고생이 많았을 것이고, 진행형입니다.

이 종목을 매수해서 보유하고 있는 투자자가 있을까요? 불행히도 많습니다. 이런 주식을 매수해서 보유하고 있는 투자자가 있기 때문에 이 종목이 주식시장에 있는 것이겠죠.

그런데 이런 종목을 왜 분석하느냐고요? 데이트레이더는 접근 방법이 다르기 때문입니다. 우리는 매수해서 보유하려는 것이 아니고 종목이 움직일 때 시세 차익을 얻으려는 것입니다. 투자의 개념이 아닌 것이죠. 단 몇 시간만 보유하는 겁니다. 그래서 이 종목을 보는 겁니다.

이 종목은 데이트레이딩으로는 매력이 있습니다. **위꼬리 달고 밀리기** 는 하지만 하락하는 도중에도 한 방 보여 주지 않습니까. 그런데 하루면 끝나요. 그러니까 단시간 데이트레이딩으로 접근하면 됩니다. 차트를 확대해서 자세히 알아보겠습니다.

세부 차트 1

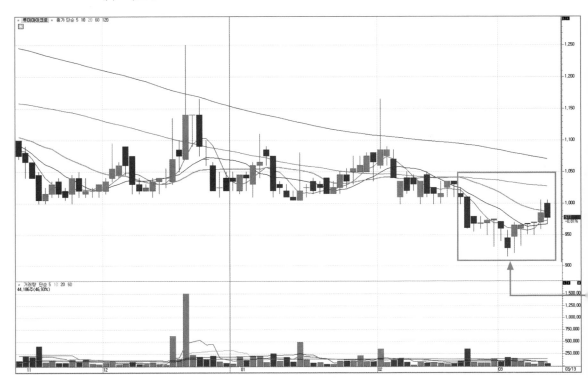

체크된 부분을 봅시다. 1000원을 깨고 내려간 부분이죠. 주가가 동전 주로 전락하니까 캔들이 어떤 모습을 하고 있죠? 바로 1000원으로 끌어 올리지는 않지만 더 이상 하락하지 않도록 방어하는 모습입니다. 캔들 밑에 전부 꼬리가 달려 있습니다.

한두 개가 아니고 전부 꼬리가 달려 있습니다. 겁에 질려 나오는 물량을 받으면서 더 이상 하락하지 못하도록 주가를 방어하고 있는 것입니다.

주가가 동전주가 되면 주가를 방어하는 세력이 등장하는 경우가 종종 있습니다. 기업에서 주가 관리에 들어가기도 하고 단기 세력이 붙기도 합니다. 흐름을 보면 주가를 관리하고 있을 가능성이 높습니다. 어떤 경우든 주가 방어에 들어갔다는 게 중요합니다. 상한가가 30%입니다. 한 방에 주가를 1200원대로 끌어올릴 수 있다는 것이죠. 하루만 작업하면 됩니다. 우리는 이때를 노리는 겁니다. 관심 종목에 집어넣고 거래량이 붙는 것만 확인하면 됩니다. 이 종목은 하루에 급등하는 일이 종종 있었기 때문에 이번에 또 나올 가능성이 매우 높습니다.

세부 차트 2

상한가로 마감합니다. 세력의 강한 개입이 있었습니다. 29.99%. 올라 갈 데까지 올라갔습니다. 동전주 탈출 조짐을 확인하고 거래량 터질 때 매수했으면 이번 수익은 다들 얻었을 것입니다.

1000만원 매수했으면 단숨에 300만원 번 것이죠. 한 달 월급 들고 나오는 겁니다. 물론 시가부터 먹기 좋은 흐름이 만들어지지 않는 이상 다 먹을 수는 없습니다. 하지만 돈뭉치 하나 정도는 들고 나올 수 있지요.

매수해서 상한가에 안착할 때까지 보유하고 있었다면 홀딩하면 됩니다. 하지만 중간에 매도했어도 좋은 매매입니다. 보유가 아니라 수익이 목적인 매매이기 때문에 얼마건 벌었다는 사실이 중요한 것이죠.

분봉1

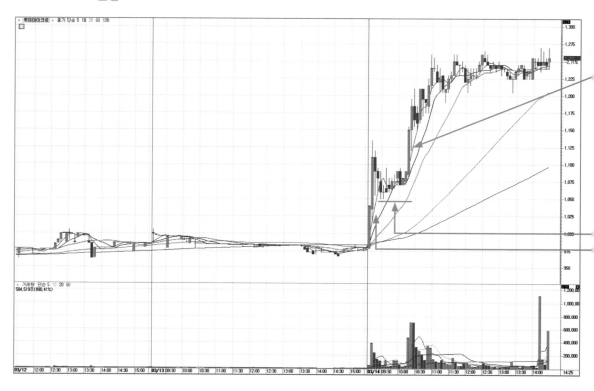

장 시작과 **동시에 일단** 빠르게 올립니다. 이후 **다시 주가를 끌어올리는** 모습입니다. 돈 벌고 나올 기회를 준 겁니다. 그런데 아침에 빠르게 주가를 끌어올린 후 **잠시 쉬어가죠.** 이때 물량을 털릴 수 있습니다. 그러나 이미 수익이 난 상태이므로 주가를 다시 끌어올릴 때 공략하면 됩니다. 물론 공포에 사로잡혀 다시 접근하지 못하는 트레이더도 있을 겁니다. 매도 후 주가가 다시 상승하는데 잡지 못했다면 무척 실망할 것입니다. 그러나 트레이더가 한 종목 제대로 못 잡았다고 속상해 한다면 아직 훈련이 부족한 것이죠.

돈뭉치 말고 지폐 몇 장 들고 나오신 분도 아쉬워하지 마세요. 물론 속상하겠지만 소주 한 잔으로 푸세요.

기회는 항상 있습니다. 여러분이 죽을 때까지 장은 열립니다. 욕심 부리지 말고 천천히 하십시오. 배우기만 하면 돈 벌 기회는 매일 열립니다.

세부 차트 3

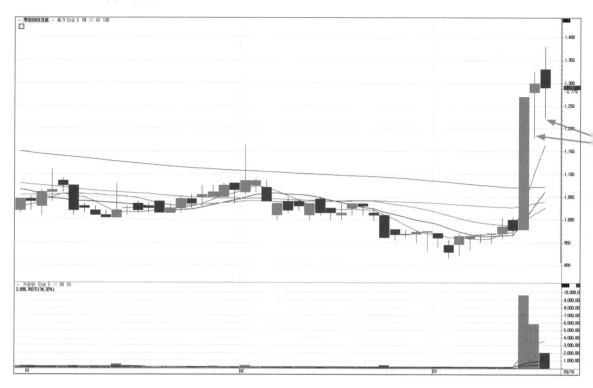

돈뭉치 갖다 바친 투자자는 마누라한테 특급칭찬 받고, 지폐 몇 장 건진 투자자는 마누라한테 몇 대 맞고 소주 한 잔으로 쓰린 속을 달래고 있는데, 종목의 움직임이 심상치 않습니다.

　　지폐 몇 장 건진 투자자도 복수전을 치를 기회가 왔습니다.

　　상한가 이후에 장중에 **한 번 밀렸다가 올라갑니다.** 밀리기는 했지만 종가는 상한가보다 위에서 끝납니다. **오늘도** 약간 밀리긴 했지만 차트가 만들어집니다. 전형적인 2지지 패턴입니다.

　　장기 차트로 다시 돌아가 보겠습니다. 이 종목의 전고점은 얼마죠? 1500원대입니다. 지금 1300원대까지 주가가 진출해 있습니다. 내일 한 번만 더 올려 주면 전고점까지 주가가 올라갑니다. 지금 주가를 끌어올린 세력이 주가 관리가 목적이라면 거의 9개월 동안 하락한 주가를 단번에 만회할 수 있습니다. 상한가 30%가 이래서 위력적인 겁니다. 매매 세팅해 놓고 내일 다시 기회가 오는지 살펴봅니다.

세부 차트 4

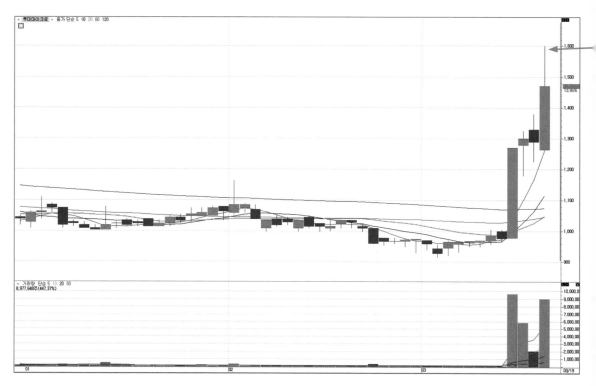

장중에 1600원을 찍습니다. 장 마감에 밀리긴 했지만 전고점까지 주가를 올려놓았죠. 지폐 몇 장 건지신 분도 이번에는 좀 더 챙기셨을 겁니다.

데이트레이딩은 투자자의 판단에 따라 어떤 종목이든 매매할 수 있습니다. 한 번 매매한 종목이라도 다시 매수 기회를 준다면 또 들어가는 것이죠. 자유롭게 수익을 따라 다니면 됩니다.

한 종목에 목맬 필요도 없고 개인이 가장 어려워하는 기업 가치 분석에 매달릴 필요도 없습니다. 좋은 위치에 도달한 종목을 자유롭게 옮겨가며 수익을 챙기면 됩니다. 이게 바로 데이트레이딩의 매력입니다.

데이트레이딩할 때 드리는 조언 중 하나가 수익에 아쉬워하지 말자는 겁니다. 한 종목에서 10만원 벌 수도 있고 100만원 벌 수도 있습니다. 똑같은 종목이라도 트레이더의 장중 판단에 따라 수익이 달라질 수 있습니다. 중요한 것은 한 종목에서 얻는 수익이 아니라 이런 종목을 꾸준히 발굴해서 수익을 내는 겁니다. 그렇게 할 수 있다면 주식시장은 현금인출기가 될 겁니다.

분봉 2

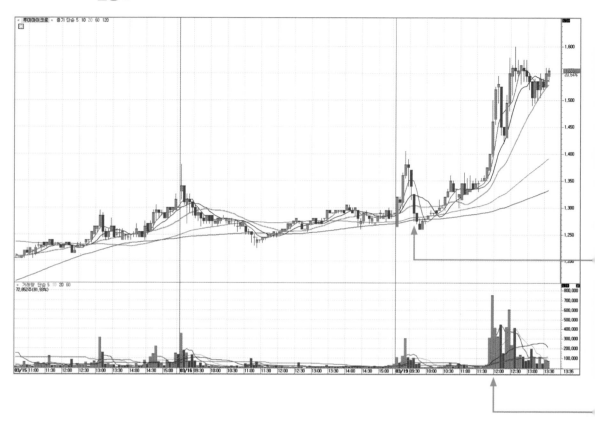

분봉입니다. 아침에 급상승시켰다가 **바로 하락**합니다. 이후 9시 30분부터 본격적으로 주가를 상승시킵니다. 실전 능력이 뛰어나다면 바로 매매에 관여할 수 있고 일반 투자자는 **거래량이 증가**하는 11시 30분대에서 공략 가능합니다.

여기서 포인트는 오전에 상승한 다음 주가가 떨어질 때 이 종목을 버리지 않는 겁니다. 차트 급소에서 움직이는 종목은 쉽게 끝나지 않기 때문입니다. 빠른 시간에 무너진 주가가 다시 상승하죠. 이때가 데이트레이딩의 포인트가 되는 겁니다.

이 시간에 접근해도 주당 200원 수익입니다. 충분히 돈 벌고 나올 수 있지요. 축하드립니다.

06 대호피앤씨

시세를 준 종목이 횡보하면
차트를 해석하라

장기 차트

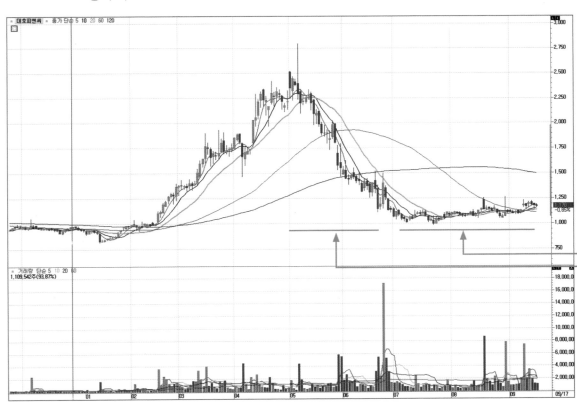

차트를 보면 크게 시세를 준 모습을 볼 수 있습니다. 2월부터 상승을 시작해 5월에 고점을 찍고 2개월 정도 하락합니다. 3개월에 걸쳐 100% 넘게 상승했는데 **2개월 만에** 상승한 부분을 다 까먹었습니다. 보통 오랜 기간 상승한 종목은 기업 가치에 의한 상승이 많기 때문에 주가가 제자리로 돌아가는 경우는 별로 없습니다. 이 같은 경우는 기업 가치와는 상관없이 테마에 의해 움직이는 것이죠.

주가가 하락한 이후에는 **2개월 넘게 횡보**하고 있습니다. 횡보하는 종목 중 앞에 큰 시세를 주었던 종목은 상승 파동이 나올 가능성이 매우 높습니다. 물론 전고점까지 주가를 끌어올리는 파동은 아닙니다. 짧은 파동이 나오는 경우가 많습니다. 단기 시세를 노린 세력이 붙기 좋습니다. 주가를 끌어올렸던 재료를 재활용하는 것이죠. 이 종목이 매매하기 좋은지 한번 자세히 살펴보겠습니다.

세부 차트 1

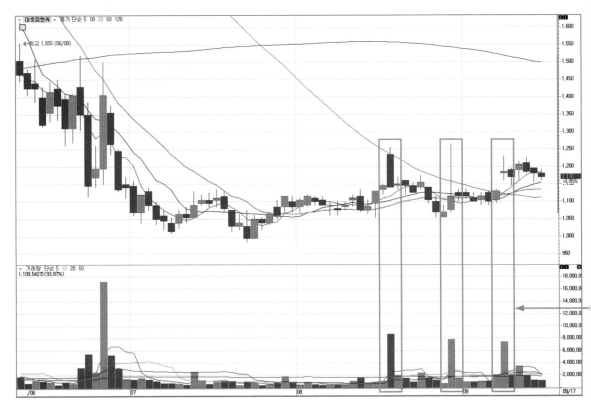

2개월 넘게 진행된 바닥 구간을 살펴보겠습니다. 주가가 하락을 멈추고 횡보하고 있습니다. 1개월 정도는 변화가 없다가 표시된 부분을 보면 변화가 있죠. 주가가 상승 추세는 만들지 못하지만 당일 거래량이 터지면서 상승하려고 시도는 하고 있습니다.

이런 걸 매집봉이라고 합니다. 첫 번째는 갭상승시킨 다음 장중에 천천히 하락하며 공포에 질린 매물을 소화합니다. 다음은 장중에 끌어올렸다가 내리면서 매집을 합니다. 이렇게 하면 일반 투자자는 한 푼이라도 건지겠다는 마음으로 물량을 던지게 되어 있습니다. 세력은 이렇게 매집하는 거죠. 그리고 마지막으로 갭상승 단봉이 나오죠. 이 정도 매집이면 한번 치고 올라갈 준비는 됐습니다.

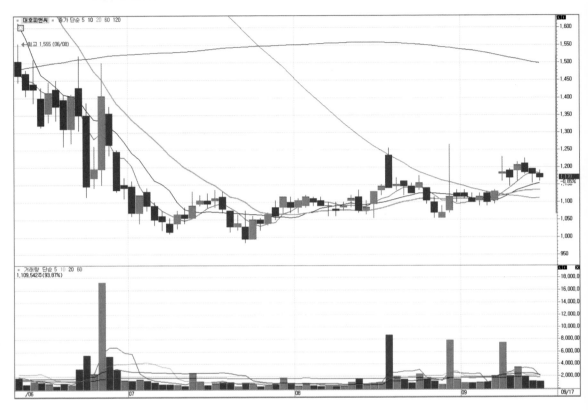

중요한 것이 있습니다. 많은 투자자들이 실수하는 부분인데요. 매집봉이 나왔다며 미리 매수를 하는 겁니다. 그런데 세력이 주가를 올리지 않을 수도 있어요. 또는 매집봉이라고 잘못 읽을 수도 있습니다. 중요한 것은 주가가 상승한다 해도 언제 끌어올릴지 모른다는 것입니다. 그래서 미리 매집을 해서는 안 됩니다. 물론 예측이 맞으면 수익을 극대화할 수 있습니다. 하지만 주가가 안 올라가거나 추가로 하락하면 문제인 것이죠.

　우리가 세력이 아닌 이상 예측만 할 뿐 정확히 알 수는 없습니다. 예측을 하고 나서, 움직이면 대응해야 하는데 '세력은 절대적이다'라는 잘못된 믿음을 가지고 미리 대응하는 분들이 있습니다. 투자자 대부분이 이런 실수를 저지릅니다. 기본적인 차트 분석도 못 하면서 단지 주가가 바닥이라는 이유만으로 매수하는 투자자가 정말 많습니다. 절대로 성공 못 합니다.

　언제 매수를 해야 성공할까요? 종목을 발굴해 놓고 있다가 거래량 터지면 그때 매수하는 겁니다. 이게 핵심입니다. 무슨 말인지 아시겠죠. 이게 안 되는 사람들은 단기 매매를 해서는 안 됩니다.

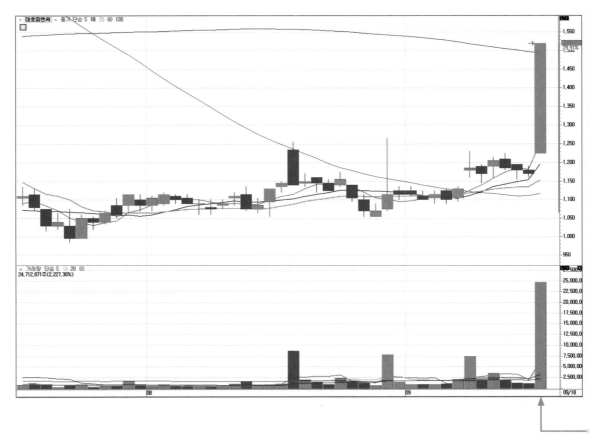

주가가 올라가죠. **거래량 터지면서** 상한가가 나왔습니다. 이때 매수하는 겁니다. 횡보 기간도 충분하고 매집이 잘된 경우입니다. 기다렸다가 거래량이 터지고 주가가 움직이면 그때 들어가는 겁니다. 체결 강도, 전일 대비 거래량 같은 것을 참고하면서 매수하면 됩니다.

이미 준비한 종목이기 때문에 숙달되면 호가창에 매수세가 유입되는 것만 보고도 매수할 수 있습니다. 차트에 지저분하게 보조지표 잔뜩 깔아 놓을 필요 없어요. 보조지표 잔뜩 깔아 놓으면 전문가 같죠? 오히려 차트 분석을 제대로 할 줄 모르니까 잔뜩 깔아 놓은 것일 수 있습니다. 칼 하나만 잘 고르면 각종 생존 장비 없이도 정글에서 살아남을 수 있습니다. 주식 세계에서도 숙련된 매매 기법 하나만 있으면 생존할 수 있습니다.

분봉

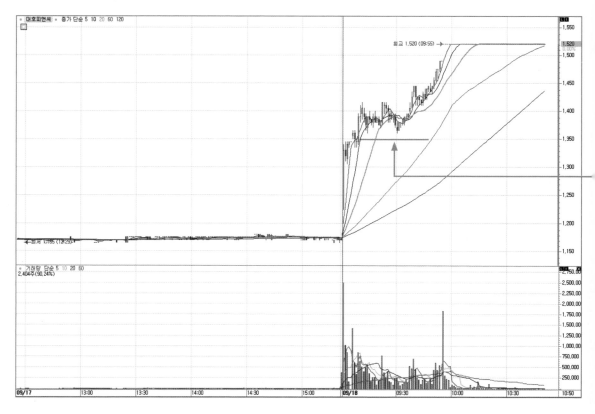

분봉을 보니 주가를 단숨에 끌어올리고 **숨 고르기 후** 상한가에 안착합니다. 아주 강한 종목입니다. 준비 없이 상승률 상위 종목만 보고 매수할 수 있을까요?

어렵습니다. 왜 올라가나 찾다가 끝나 버립니다. 매수할까 말까 망설이다가 끝나 버리는 것이죠. 만약에 상승률 상위 종목만 보고 매수할 수 있다면 벌써 부자가 돼도 한참 전에 됐을 겁니다. 준비된 투자자만이 돈을 벌 수 있습니다.

차트 급소에 대기하고 있다가 주가가 상승하면 공략합니다. 급소가 있는 종목이기 때문에 크게 상승하리라고 믿을 수 있습니다. 그렇기 때문에 이 종목처럼 1차 상승 이후 중간에 쉬어갈 때 매도하지 않고 버틸 수 있는 것이죠. 또는 첫 공략 포인트를 놓쳤다 하더라도 1차 상승 후 쉬어갈 때를 공략 시점으로 잡을 수 있습니다. 차트 발굴을 제대로 할 수 있다면 단기 포인트를 놓치지 않고 대응할 수 있습니다.

장기 폭락 종목이 고개를 들면
공략하라

장기 차트

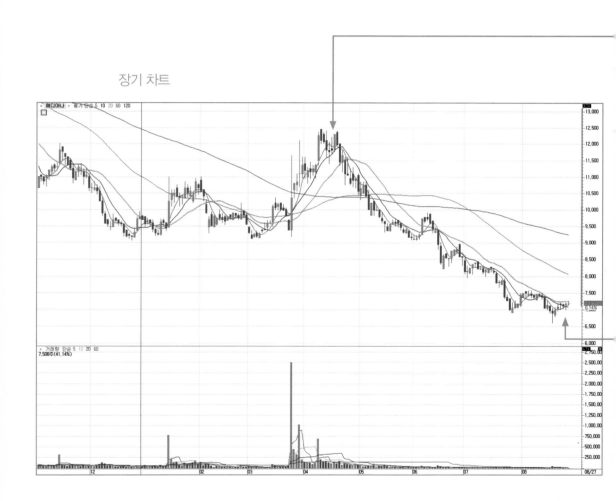

장기 차트를 살펴보겠습니다. 차트 중반까지는 1만원대에서 움직이다 상승합니다. 1만2000원대까지 올라갔다 4개월 동안 하락 추세가 이어지고 있습니다. 7000원대까지 떨어지는데 매도하지 않고 물려 있는 투자자라면 큰 손실로 이어졌을 겁니다. 어떤 매매 방법으로 투자를 하건 손절은 반드시 지켜줘야 다음 기회를 얻을 수 있습니다. 이 종목처럼 손실을 입으면 다음 기회가 찾아와도 원금 복구가 힘듭니다. 반토막이 난 계좌를 언제 복구합니까? 정말 힘듭니다. 빨리 돈을 벌어야 한다는 조급함에 더욱 매매를 망치게 됩니다. 그래서 반토막이 나기 전에 끊어야 합니다. 매수할 때는 반드시 손절가를 정하고 대응해야 합니다. 대부분 '언젠간 반등하겠지'라고 했다가 손절 기회를 완전히 잃어버립니다. 손절도 매수만큼 중요하다는 것을 잊지 마시기 바랍니다.

차트를 보면 주가가 고개를 드는데, 확대해서 살펴보겠습니다.

세부 차트 1

차트에서 체크된 부분을 자세히 보겠습니다. 바닥 찍고 주가가 서서히 올라가고 있죠. 주가의 하루 변동폭은 정말 미미합니다. 매일 조금씩 나오는 물량만 받아 주는 모습입니다.

이미 앞에서 **반등 시도**가 나오고 있죠. 다시 하락했다가 반등 신호가 나오고 있는데요. 이러면 바닥이 확인되는 경우가 종종 있습니다. 이미 4개월간의 하락 추세로 투자자의 반등 기대감이 올라가 있는 상태입니다. 세력이 주가를 끌어올려 주면 매수세가 달라붙을 수 있는 차트입니다. 조금 애매한 모습도 있지만 주가가 상승하는 데 필요한 첫 번째 장대양봉이 나올 수 있기 때문에 관심 종목에 집어넣고 거래량이 터지는지 확인하고 나서 들어가면 됩니다. 거래량이 최저이기 때문에 거래가 붙어 주면 더욱 확실하게 수익을 챙길 수 있습니다.

세부 차트 2

장중에 상한가까지 올라갔다가 밀립니다. 이렇게 바닥 종목은 한번 치고 올라가면 장대양봉으로 올리는 경우가 대부분입니다. 다른 투자자의 관심을 끌어야 되거든요. 움직이고 있으니 붙으라는 신호를 주는 것이죠. 단기 세력이 들어왔다면 말 그대로 단기 시세로 끝나기 때문에 여기서 이익을 챙기면 됩니다. 추가 상승 가능성이 있으니까 관심 종목에서 빼지 마시고 다음 타법을 적용하여 수익을 올리시면 되겠습니다.

이 종목은 오랫동안 바닥에 있었는데 첫 장대양봉입니다. 놓쳐서는 안 되는 것이죠. 물론 상한가 안착에 실패했습니다. 그러나 준비를 하고 있었다면 충분히 수익을 얻고 나올 수 있었겠죠.

'상한가 따라 하기'를 했다면 손실이었겠죠. 그러나 바닥 공략이었다면 큰 수익이 가능했습니다. 차트 급소 공략이 상한가 공략보다 안전합니다. 물론 '상한가 따라 하기'의 매력도 있지만 최대한 안전한 구간에서 공략하는 것이 효율적이죠.

분봉

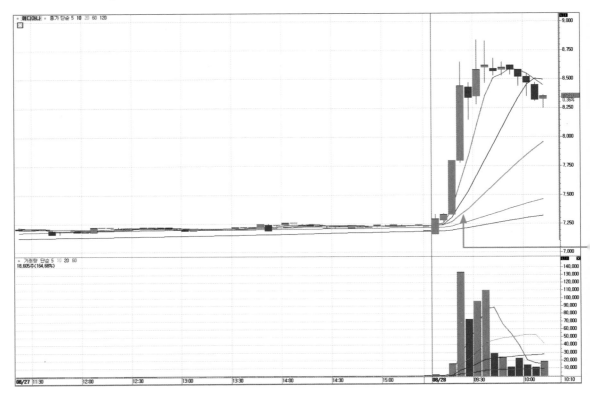

오전장에 주가를 끌어올리고 있죠. 전형적인 세력 양봉입니다. 개인 투자자에게 매수 기회는 주지 않고 호객 행위만 하는 것이죠. 이런 식으로 나오는 양봉은 미리 준비하고 있지 않으면 매수에 가담할 수 없습니다. '왜 올라가지?' 하는 사이에 상승이 끝나기 때문이죠. 하지만 미리 종목을 찾고 준비한 투자자는 매매해서 수익을 챙기고 나올 수 있습니다.

보통 데이트레이딩은 아침에 움직이는 종목 중에 선택하는 경우가 많습니다. 그러나 아무 준비 없이 장 개시와 함께 주가 움직임만 보고 매매하는 것은 쉽지 않습니다. 만약 그게 잘된다면 전국에 성공한 데이트레이더가 많아야겠죠. 그러나 현실은 반대입니다. 쉽지 않은 매매라는 것이죠. 그래서 준비한 종목을 매매하는 것이 훨씬 효율적이라 말씀드리고 싶습니다.

성공 가능성을 1%라도 높일 수 있다면 그 방법을 써야 합니다.

급락한 종목이 치고 올라가면
공략하라

장기 차트

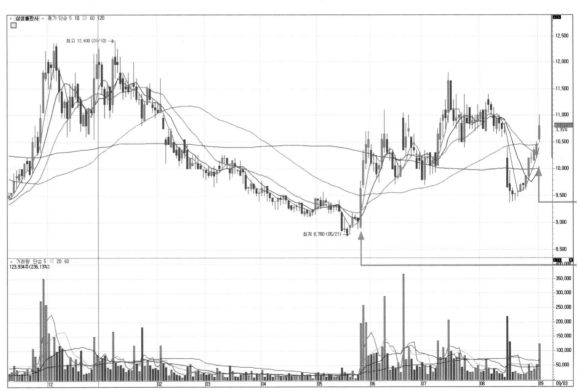

이 종목은 차트 중반까지 하락 추세입니다. 차트 초반 주가가 상승한 이후에 4개월 이상 주가가 내리막길입니다. 중간에 반등 시도도 없이 하락하고 있습니다.

이후 주가가 **급반등**합니다. 최근 3개월 동안은 주가가 1만원대에서 움직이고 있습니다. 그러다 갑자기 주가가 급락하고 **며칠 사이** 하락폭을 만회하고 있습니다. 움직임이 심상치 않죠.

데이트레이딩을 하려 한다면 이 종목처럼 움직이고 있는 종목을 찾아야 합니다. 전고점을 향해 연일 양봉으로 치고 올리는 종목이라면 놓치지 말고 대응해야 하는 것이죠. 먹이가 될 만한 데이트레이딩 종목을 찾는 것이 첫 번째 할 일입니다.

자세히 살펴보겠습니다.

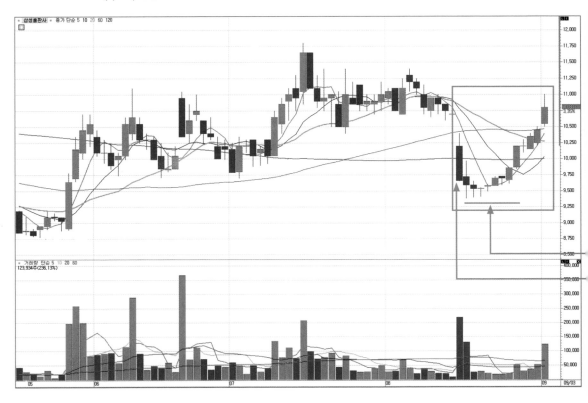

1만1000원대에서 움직이던 종목이 갑자기 급락을 합니다. 종목의 추가 상승을 기대하고 물량을 보유하고 있던 투자자들은 그야말로 날벼락이었을 겁니다. 하루아침에 기대감이 나락으로 떨어진 셈이죠. 이후 주가가 추가 하락하지 않고 **연속 지지 캔들**이 나오더니 바로 만회해 줍니다. 이것은 최근 주가를 움직였던 세력이 아직 존재한다는 의미입니다.

전체 차트를 다시 보겠습니다. 장기간 주가가 하락하다 멈추고 반등에 성공했습니다. 세력이 이탈한 모습이 없습니다. 그런데 **주가가 급락**을 했죠. 세력이 물린 겁니다. 아직 수익을 얻고 이탈하지 못했는데 갑자기 급락하니 본인들도 당황했겠죠. 바로 주가를 끌어올립니다. 갭하락으로 급락한 종목이 바로 만회한다는 것은 세력이 주가를 움직이고 있다는 뜻입니다. 주가를 더 끌어올리겠다는 의사를 보여준 것이죠. 본인들도 이 종목에서 수익을 얻고 이탈해야 합니다. 그러려면 당연히 주가를 끌어올릴 것이니 우리는 기다렸다가 움직이면 돈뭉치 하나 들고 나오면 됩니다.

세부 차트 2

예상대로 쭉 올려 주죠. 1만원이었던 주가가 1만7000원을 찍습니다. 적어도 주당 6000원은 먹을 수 있는 종목이었습니다. 1000만원 매수했으면 600만원 수익입니다. 모든 투자자가 이 수익을 얻을 수는 없겠지요. 하지만 준비만 하고 있었다면 아무리 못해도 10% 이상 수익은 올렸을 겁니다.

이 10%의 수익을 데이트레이딩으로 올리는 겁니다. 물론 더 수익을 올릴 수도 있겠죠. 그건 투자자마다 다르고, 얼마의 수익을 올려야 되는 것인지 정답은 없습니다. 그러나 이정도 상승이 나올 때 10% 정도는 수익을 올려 줘야 손절하는 종목을 커버할 수 있습니다.

주식 투자 어렵게 하지 마시고 하나하나 잘 분석해서 돈 되는 종목을 찾는 데 집중하십시오.

분봉

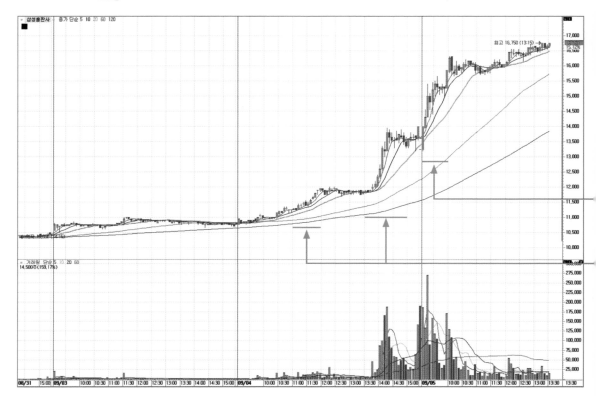

두 번의 장대양봉 중 첫날은 **2차 파동**으로, 다음날은 오전부터 **주가를 쭉 끌어올립니다.** 준비만 하고 있었다면 누구나 충분히 접근할 수 있었습니다.

데이트레이딩으로 접근했다 하더라도 주가 상승이 멈추지 않는다면 수익 확정을 다음 날로 넘기는 유연성도 가지고 있어야 합니다. 매매할 때마다 성공할 수 없기 때문에 벌 수 있을 때 크게 벌어놔야 다음 종목 매매를 편하게 할 수 있습니다.

이제 종목 발굴을 어떻게 하는지 조금 보이시나요. 차트를 볼 때 그냥 지나치지 마시고 유사한 차트가 보이면 지금 배우고 있는 매매 타법을 적용하여 분석해 보십시오. 수백억 부자는 아니더라도 평생 돈 걱정 없이 살 수 있는 기술을 익힐 수 있습니다. 그때까지 계속 노력하시기 바랍니다.

하락 추세를 멈추고
점진 상승하면 공략하라

장기 차트

전체 차트를 보면 전반기에는 주가가 고점이죠. 한 번 상승 파동이 나온 후 다시 **고점 돌파 시도**가 나옵니다. 하지만 실패합니다. 이후 주가는 내리막길을 걷게 됩니다. 약 4개월 동안 주가가 하락합니다. 한 번 상승 파동이 있던 종목이 하락하면 이 종목처럼 계속 내리막인 경우가 종종 있습니다. 하락 추세는 대형주이건, 세력주이건 가리지 않습니다. 그 폭의 차이만 있을 뿐이죠. 데이트레이딩이나 스윙 매매를 하시는 분들은 말할 것도 없고 가치 투자를 하시는 분들도 손절선을 이탈하면 일단 매도 후 대응하는 것이 좋습니다.

한번 매수하면 무작정 들고 있는 분들이 너무 많습니다. 그렇게 해서는 절대로 돈을 벌 수 없습니다. 반드시 손절 타이밍에 끊고 나와야 다음 기회를 얻을 수 있습니다.

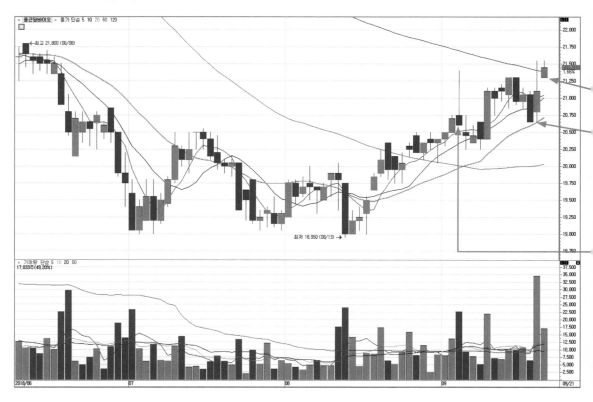

주가가 3중 바닥으로 저점을 확인하고 있습니다. 더 이상 주가는 떨어지지 않는다고 생각하고 스윙 매매를 하시는 분들은 저점 매수에 가담해도 좋습니다. 그냥 넘어가겠다는 투자자는 다음 기회를 노리면 됩니다.

전날 주가가 상승하려다 밀리죠. **위꼬리가** 있어요. 그런데 오늘 **갭상승**해서 어제 장중에 물린 투자자의 물량을 소화해 줍니다. 그리고 장중 내내 강세를 유지하면서 매물이 나오는 것을 받아 주고 있습니다.

특히 **앞에 위꼬리 달린 음봉**이 있죠. 여기에도 매물이 있는데 이것도 소화해 주고 있습니다. 여러분이라면 남의 매물을 비싼 가격에 사주겠어요? 한 호가라도 싸게 사려 하겠죠. 세력 개입을 확인할 수 있습니다. 바닥 확인했고 매물도 소화해 주었으니 이제 남은 것은 한번 치고 올라가는 것이죠.

세부 차트 2

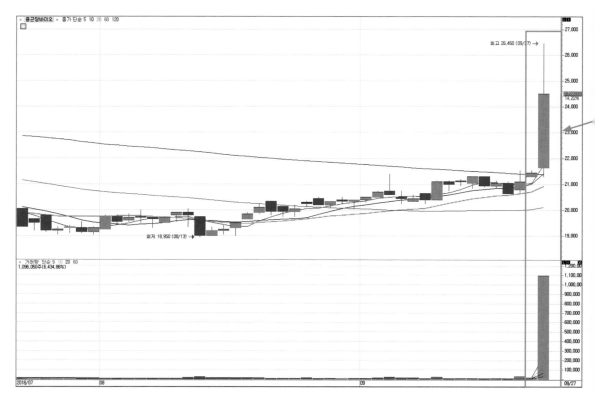

치고 올라가고 있습니다. 저점에서 올라갈 때 이런 패턴이 자주 나옵니다. 본인만 몰랐거나 봤어도 관심을 두지 않았을 뿐입니다. 눈여겨봤다가 공략했으면 적지 않은 돈을 벌었을 것입니다.

이런 종목에서 돈을 벌어 봐야 계속 연구하고 찾아보는데, 벌어본 적이 없으니 그냥 지나치는 겁니다. 앞으로 이런 종목이 나오면 수익을 올려 보시기 바랍니다.

그래야 주식 투자로 돈을 벌어보지 않겠습니까. 수익을 못 내는 다른 투자자와 똑같이 해서는 답이 없는 것이죠. 남들이 지나치는 상승 종목을 찾을 수 있어야 돈을 버는 겁니다. 한 종목 한 종목 열심히 찾다 보면 반드시 수익을 올리는 종목을 발견할 수 있을 겁니다.

분봉

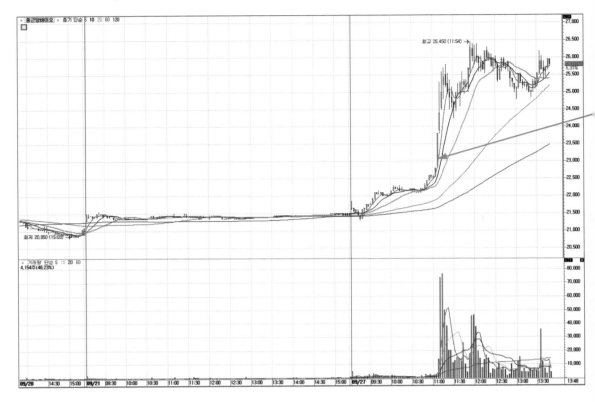

장 초반에는 주가를 약간 올렸다가 **11시 이후** 본격적으로 끌어올리고 있습니다. 관심 종목 중 장 초반에 움직이는 종목이 있으면 그것부터 들어가서 수익을 올리고, 그 다음 이 종목도 노렸다면 하루에 두 종목에서 수익이 났겠죠. 오전장에 움직이는 종목이 없었다면, 이 종목만 노려 하루 수익을 올리면 됩니다.

대부분의 종목은 장 초반에 승부가 나지만 이 종목처럼 오후에 승부가 나는 종목도 적지 않습니다. 오전장만 찾아보다가 포기하는 경우가 많은데 다른 종목들이 안정화될 때 움직이는 종목도 있으니 장중에는 긴장감을 놓지 마시기 바랍니다.

폭락한 종목이 횡보 상승하면 공략하라

장기 차트

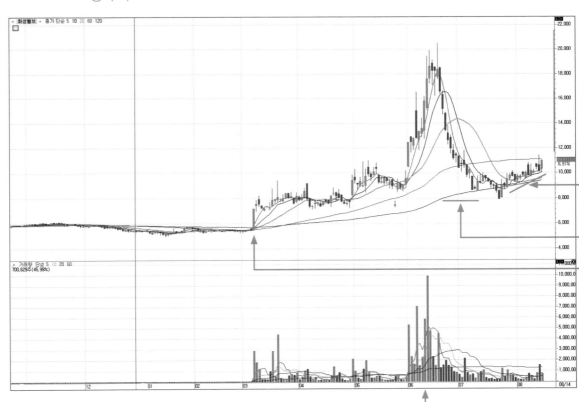

장기 차트를 보면 전반에는 움직임이 전혀 없습니다. 그러다 3월부터 주가에 **큰 변화가** 일어납니다. 저 물량이 어디 있다 나왔는지 모를 정도로 **거래량이 늘어나면서** 급등하기 시작합니다. 6000원대의 주가가 2만원을 찍습니다.

여기까지는 좋았는데 이후 주가가 **연일 음봉**으로 내려갑니다. 불나방처럼 뒤 늦게 달려들었다가 매도하지 못하고 우왕좌왕하고 있는 투자자들이 눈에 선합니다. 아마 많은 투자자들이 손실을 입거나 물렸을 겁니다.

최근에 주가가 더 이상 떨어지지 않고 **저점을 높여가고 있습니다.** 자세히 살펴보겠습니다.

세부 차트 1

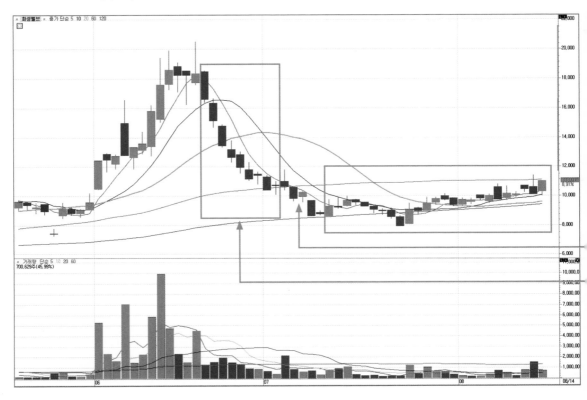

주가가 2만원을 찍고 나서는 **1만원을 깨고 내려갑니다.** 고점에서 물렸다면 50%의 손실이 났을 겁니다. 장기 이평선을 잠시 이탈했다가 지지되고 있는데 저점을 서서히 높여가고 있습니다. **하락 추세 중에 나온 음봉을** 보세요. 거대한 매물입니다. 물린 투자자의 아우성이 들릴 정도입니다. 원금은커녕 조금이라도 손실을 줄이고 매도하고 싶다는 투자자가 가득한 곳입니다. 그런데 서서히 이들의 물량을 받아 주고 있습니다.

아마 주식 투자 좀 해봤다면 이런 차트 많이 봤을 겁니다. 이런 경우 장기적으로 주가가 저점을 높이는 경우도 있지만 어느 순간 확 주가가 올라가는 경우가 많습니다. 이런 차트를 발견하면 관심 종목에 넣어 두고 올라가는지 살펴봐야 합니다.

주가가 갭상승 출발해 상한가 언저리까지 올라갑니다. 대단하죠. 돈뭉치 하나 들고 나올 수 있는 상승폭입니다. 주식 투자를 하다 보면 이런 종목을 발굴할 수 있습니다. 찾으면 관심 종목에 넣어두고 관찰하시기 바랍니다. 의외의 수익을 올릴 수 있습니다.

특히 이런 종목은 갭상승이 중요한데, 차트를 보면 바닥에서 완만히 상승하고 있거든요. 그런데 갑자기 갭상승이 나왔다는 것은 주가를 갭상승 시킬 만한 재료가 나왔다는 의미입니다. 당연히 강한 반등이 나올 가능성이 매우 높습니다. 바닥에서 갭상승이 나오는 종목을 데이트레이더라면 놓치지 말아야 합니다.

분봉

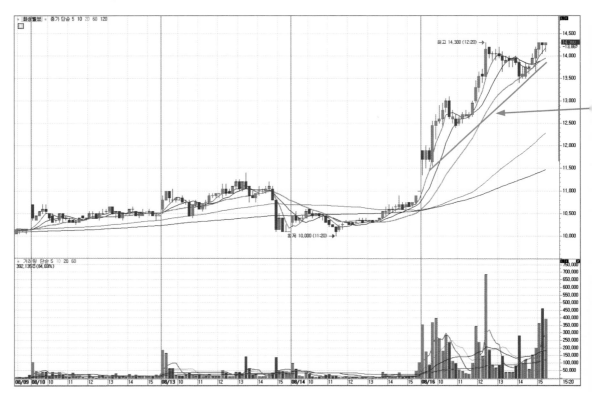

오전장부터 올라가기 시작하여 장 마감 때까지 **꾸준히 올라갑니다.** 매수세가 엄청 강합니다. 아침부터 거래가 붙는 것이 워낙 확실하기 때문에 수익을 챙기는 것이 어렵지 않은 모양새입니다. 앞에서 얘기했지만 갭상승으로 출발했다는 것이 매우 중요합니다. 장 시작과 동시에 바닥권에서 갭상승하는 종목이라면 놓치지 말아야 하는 것이죠. 갭상승 후 매수세가 유입된다면 일단 공략해 봐야 하는 겁니다. 성공 확률이 매우 높기 때문이죠.

처음 하시는 분 중에 겁나서 매매를 못하는 경우가 있습니다. 그런 분들은 모의투자를 통해 종목 발굴과 매매 연습을 꼭 하시기 바랍니다.

주가는 쉬지 않고 올라가기도 하지만 중간에 쉬어가는 경우가 더 많습니다. 주가를 끌어올릴 때 따라 들어온 투자자가 물량을 중간에 던지도록 유도하는 것이죠. 개인 투자자가 고점에서 매도하지 못하도록 하는 겁니다.

수익은 주가 바닥에서 매수해 얻는 것이 제일 좋습니다. 이번에는 바닥에서 놓쳤을 경우 주가가 중간에 쉬어가는 틈을 이용해 데이트레이딩으로 수익을 얻는 방법을 배워 보도록 하겠습니다.

실전에서는 매우 유용한 매매 타법이므로 잘 배워두면 좋은 결과를 얻을 수 있습니다.

3
chapter

기다렸다 돈 버는
지지 타법

세력의 다중 지지를 공략하라

장기 차트

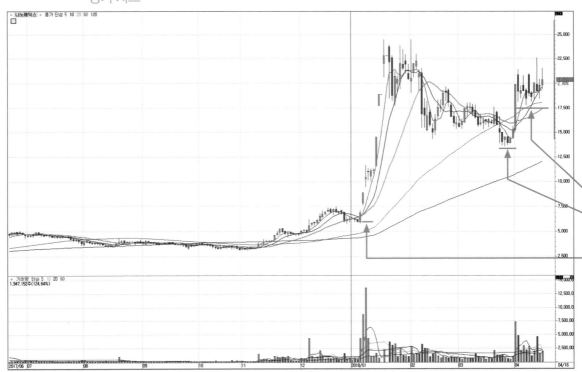

차트를 보면 한눈에 급등주라는 걸 알 수 있습니다.

"아니 시세가 끝난 종목을 왜 봅니까?"

그렇죠. 일반적으로 장기 투자나 스윙 매매를 하기에는 적합한 종목이 아닙니다. 하지만 지금 뭘 배우고 있죠? 데이트레이딩입니다.

데이트레이딩은 돈이 될 만한 종목을 찾아다니는 겁니다. 보통 이런 종목에 들어가면 설거지 당한다고 하죠. 장기 투자 한다고 들고 있으면 설거지 당하는 겁니다. 그러나 돈뭉치 하나 들고 나오겠다고 생각하면 설거지 구간이 돈 벌 기회입니다. 이것이 생각의 차이입니다.

보유의 개념을 가지고 데이트레이딩을 했다가는 바로 손실로 이어집니다. 데이트레이딩으로 넘어와 놓고 예전의 마인드를 그대로 가지고 있으면 절대 성공하지 못합니다. 다시 처음부터 주식을 시작한다는 마음으로 접근하셔야 합니다.

종목으로 돌아가 보면 5000원 미만의 주가가 서서히 오르기 시작하더니 **갑자기 급등**합니다. 2만5000원 부근까지 주가가 올라가는데 대단하죠. 엄청난 시세입니다. 상한가 15% 시절에는 이 정도 시세를 주려면 우여곡절이 많았을 텐데 단숨에 올려 버립니다.

다음에 급등한 종목이 하락하는데 2개월 정도 하락하다 **다시 치고 올라갑니다.**

더 이상은 올리지 못하고 전고점을 돌파할 것인가, 말 것인가 **간을 보고 있습니다.** 확대해서 살펴보겠습니다.

세부 차트 1

2개월 주가 하락 후 상한가를 찍습니다. 이후 상한가 몸통을 안 깨고 있습니다. 떨어지면 올려줍니다. 상한가 이후 **지지 캔들 10개**가 나왔죠. 딱 2주입니다. 전고점을 돌파하려면 지금이 딱 좋은 시간입니다. 차트를 만들어 놓았기 때문입니다. 더군다나 지지 캔들 구간의 **거래량**을 보세요. 늘어나 있습니다. 주가를 올릴 생각으로 만들어 놓은 차트인 것이죠.

주식에 100%는 없습니다. 하지만 이런 차트는 올라갈 확률이 높습니다. 아직 주가를 끌어올린 세력이 남아 있기 때문이죠. 최종 관문인 거래량만 늘어나면 됩니다. 2주 지지 후 상승 가능성이 높기 때문에 내일 공략할 시간이 올 수도 있습니다. 오전부터 공략 준비를 합니다.

세부 차트 2

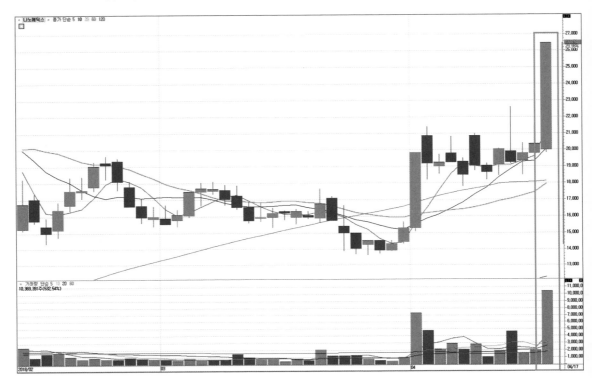

바로 끌어올리네요. 상한가입니다. 10캔들, 2주 지지. 내일 끌어올릴 확률이 매우 높다고 했는데 예측 성공입니다. 데이트레이딩을 하려면 이런 차트에서 반드시 벌어 줘야 합니다.

"이 책에 공개돼서 앞으로 이런 종목이 안 나오면 어떡하죠?"

걱정하지 마세요. 앞으로도 이런 종목은 계속 나옵니다. 수십 년간 계속 쉬지 않고 나오고 있습니다. 왜냐하면 주가를 끌어올리는 방법은 이것밖에 없기 때문입니다.

"하는 사람이 많아서 차트가 망가지면 어떡하죠?"

이것도 걱정하지 마세요. 끝까지 하는 사람 얼마 안 됩니다. 심지어 제가 20년 가까이 떠들어도 차트에 아무 변화가 없어요. 이 책을 읽는 동안은 고개를 끄덕이다가도 중간에 포기하는 사람이 많습니다. 그러니 본인만 성공하면 됩니다.

교과서 한 권으로 전문가가 될 수 없습니다. 여러분은 제 그냥 제 말만 따라 하면 됩니다. 한번 해보고 어렵다 싶으면 그때 다른 매매 방법으로 하시면 됩니다.

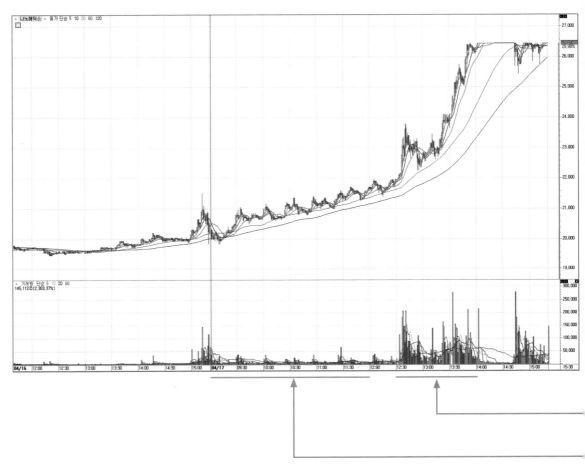

오전장에 서서히 주가를 올려 주다가 12시 30분 이후 **거래량 폭증**하면서 급등하네요. 선수들은 초반에 들어갈 수 있습니다.

오전장은 분봉 지지되면서 주가가 올라갑니다. 하지만 **거래량이 없어요.** 이건 숙달된 선수들의 영역입니다. 장중 판단 능력이 생기고 나면 여러분도 매매할 수 있습니다. 하지만 지금은 안전하게 거래량이 터지는 구간만 공략합니다.

이 종목은 특히 상한가 안착 이후 계속 물량이 풀리고 있습니다. 저점에서 매수했다면 끝까지 견디고 가져갈 수도 있지만, 실전에서는 상한가가 풀린 다음에는 주가가 급락할 수 있는 위험성도 있습니다. 상한가가 풀린 경우 순식간에 -10%도 될 수 있으니 욕심을 부리지 말고 상한가에 안착한 후 물량이 풀릴 때 정리하고 빠져나오는 것도 좋은 전략일 수 있습니다.

폭등 후 지지되는 종목의
2차 시세를 노려라

장기 차트

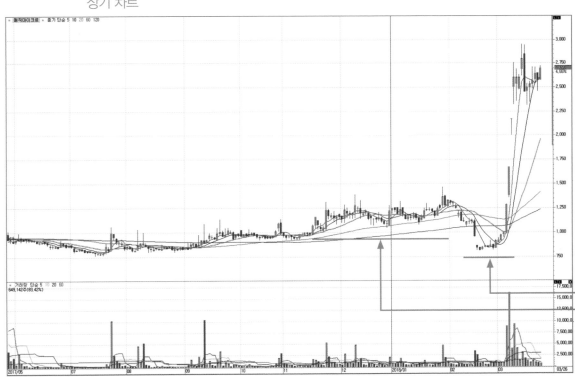

1000원 짜리 주식이 오랜 기간 완만히 상승하는데 1500원은 돌파하지 못합니다. 오랜 시간에 걸쳐 상승하는데 이 정도면 시세라 할 수 없지요. 개인이 공격할 수 있는 종목이 아닙니다.

그런데 최근 애써 올려놓았던 주가가 한 번에 빠지기 시작하는데 1000원 미만으로 떨어집니다. 아마 이 종목을 보유하고 있던 투자자도 매도하고 나왔을 것입니다. 공포감이 몰아치는 무서운 종목으로 돌변한 거죠.

그런데 **동전주가 된 순간** 주가는 더 이상 하락하지 않고 버텨 내더니 서서히 상승합니다. 단봉이지만 양봉으로 주가를 천천히 끌어올립니다. 그러더니 틈도 안 주고 단숨에 2000원 후반까지 끌어올립니다. 4일 정도 끌어올리니까 2000원대 후반입니다.

지나고 보니 **앞에서 살펴본 주가 상승은** 세력의 매집 구간이었습니다. 본격적으로 주가가 상승하기 전에 개인 물량을 떨구려고 인위적으로 주가를 하락시킵니다. 앞에서 배운 바닥 타법으로 종목을 발굴했다면 입이 쫙 벌어질 만큼의 수익을 얻었을 겁니다. 종목 발굴이 어려운 것이 아닙니다. 들어갈 종목에 못 들어가는 것이 문제인 것이죠. 놓친 투자자라면 정말 아쉬울 겁니다. 그냥 버리기 아까운 종목입니다. 접근할 수 있는 종목인지 살펴보겠습니다.

상세 차트 1

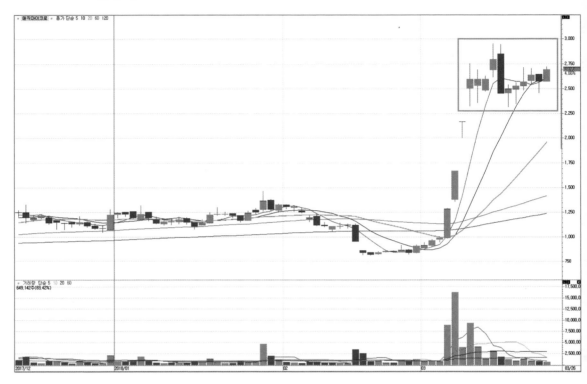

1000원 미만 종목이 단숨에 3000원 돌파 직전까지 올라갔습니다. 어마어마하죠. 상한가 30%의 위력입니다. 급등할 때 공략했으면 좋았겠죠. 일단 바닥 타법은 앞에서 배웠으니까 2000원 후반대까지 올라간 지금 차트를 살펴보겠습니다.

2000원 후반대까지 올라간 주가가 약 2주간 무너지지 않고 버티고 있습니다. 단기간에 이렇게 급등한 종목이 고가에서 버티고 있다면 뭔가 있는 것이죠. 약한 종목이라면 이렇게 고가에서 버틸 수 없습니다.

앞에서 살펴봤을 때는 어떤 모습이었죠? 세력이 물량을 매집하고 나서 개인을 철저히 떨구고 올라간 종목이죠. 개인의 차익 물량이 없어요. 그러니 주가가 고가인데도 불구하고 거래량이 없습니다. 단숨에 200% 이상 올라간 종목에 쏟아지는 물량이 없다는 것은 그만큼 매집이 잘된 종목이라는 뜻이죠.

매집이 잘된 종목을 세력이 그냥 버릴까요? 물량을 매도하기 위해서라도 추가로 주가를 끌어올리고 개인이 따라붙게 한 다음 물량을 정리할 것입니다. 우리는 세력의 설거지에 당하는 것이 아니라 주가를 끌어올릴 때 한입 먹고 나오면 됩니다. 매매 준비합니다.

상세 차트 2

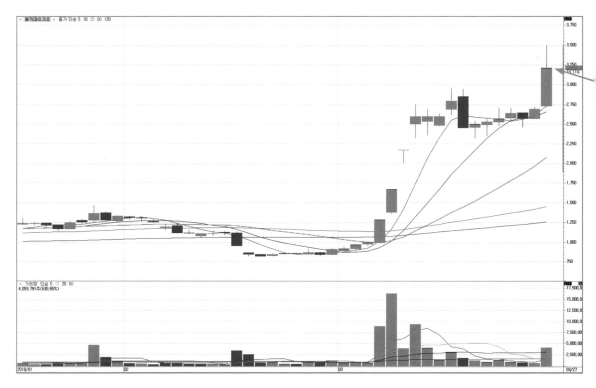

주가가 3500원을 찍을 정도로 올라갑니다. 우리는 준비하고 있었으니 거래량이 터질 때 따라 들어가 한입 먹고 나오면 됩니다. 고가에서 밀리기는 했지만 우리하고는 상관없죠.

찍고 밀린 게 19%입니다. 데이트레이딩 하기에 훨씬 유리한 조건입니다. 먹고 나올 폭이 넉넉하다는 것이죠.

준비를 하고 있었으면 최대한 저점에 들어갔을 가능성이 높겠죠. 만약 장중에 급등하는 종목을 찾아 따라 들어갔다면 수익은 크지 않았을 겁니다. 만약 고점에서 따라 들어갔다면 수익이 없었을지도 모르죠. 종목을 미리 찾아 놓고 장중에 뜨는 종목과 같이 매매하는 쪽이 수익을 낼 확률이 더 높습니다. 좋은 종목은 최대한 많이 찾아 두는 게 유리합니다. 어느 종목이 내게 수익을 안겨 줄지 모르니까요.

분봉

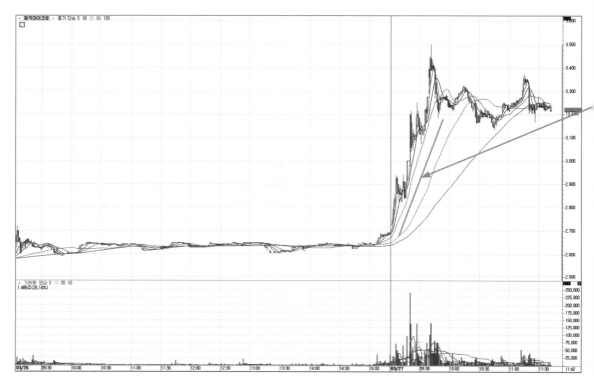

장이 시작하자마자 **주가를 끌어올립니다.** 한 시간도 안 돼서 결판이 났습니다. 미리 종목을 찾지 않았다면 매매하지 못했을 겁니다. 하지만 준비가 되어 있었다면 매매해서 수익을 거두고 나올 수 있었겠죠.

조금 어렵나요? 너무 빨리 주가가 올라 매매가 어렵다면 지금은 데이트레이딩을 하면 안 됩니다. 이런 종목이 많기 때문에 30분 안에 승부를 내겠다는 자세가 되어 있어야 합니다. 빠르게 결과가 나오는 종목은 우왕좌왕하다 놓치기 쉽습니다. 그렇기 때문에 종목을 분석하고 매매 준비를 한 상태에서 데이트레이딩에 나서야 하는 것이죠. 그래야 종목을 놓치지 않고 대응할 수 있습니다.

30%라는 큰 기회를 얻었는데 이 정도 준비도 안 하고 데이트레이딩을 해서는 안 됩니다. 준비만 한다면 기회를 얻을 수 있습니다. 제가 종목을 분석하는 법부터 차근차근 알려드리니 따라 오시면 됩니다.

윗꼬리 2지지 캔들이면 공략하라

장기 차트

장기 차트를 살펴보겠습니다. 주가가 급락하는데 보유자라면 죽었다고 복창할 형세입니다.

주가 하락이 끝난 후 바닥을 형성합니다. 완전히 끝났다 싶은 종목도 상장폐지가 아닌 이상 바닥을 다지는 시기가 있는 것이죠. 물량을 보유하지 않은 투자자에게는 기회입니다.

이 종목은 특이한 점이 있습니다. 이런 종목은 바닥에서 오랜 시간 있는 것이 보통입니다. 그만큼 하락의 충격이 크기 때문이죠. 하지만 이 종목은 주가가 바닥을 확인한 이후 서서히 상승하기 시작합니다. 2000원대의 주식이 5000원대까지 올라갑니다. 상승폭이 어마어마하죠. 물론 단기간에 상승한 것이 아니라 장기간 상승의 결과입니다. 장기간의 꾸준한 상승은 종목 자체의 힘인 경우가 많습니다. 기업에 주가를 끌어올릴 만한 재료가 있다는 것이죠. 전고점 돌파도 없이 올라간 종목인데 먹을 자리가 있을까요? 한번 살펴봅시다.

세부 차트 1

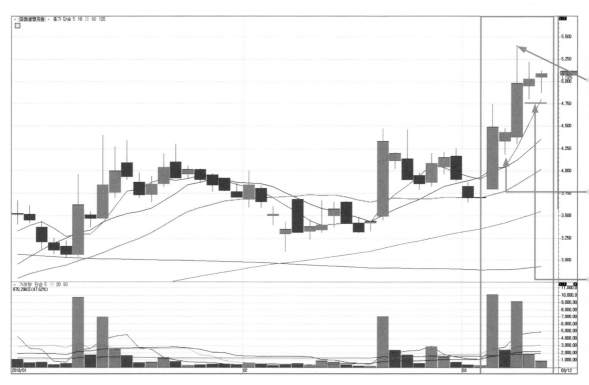

5일간의 주가 흐름을 살펴보겠습니다. 강한 장대양봉 이후 **지지 캔들**이 나옵니다. 그리고 다시 강한 장대양봉으로 주가를 끌어올립니다. 올리고 지지하는 식으로 주가를 끌어올리고 있습니다. 주가가 계속 고점을 향해 올라가고 있어요.

3일전 캔들은 장대양봉이지만 **위꼬리가 있습니다.** 고점이다 보니까 매물을 받고 밀립니다. 하지만 주가를 끌어올리는 모습이 지지 캔들로 매물을 소화하는 패턴이었습니다. 이번에도 마찬가지입니다. 주가가 지지되려면 위꼬리의 매물을 소화해줄 지지 캔들이 나와야 합니다.

지지 캔들이 나와야 할 자리에 탄생합니다. **어제 오늘 지지 캔들**이 나왔습니다. 위꼬리의 매물을 소화해 주는 지지 캔들을 살펴봅니다. 밑에 꼬리가 있습니다. 매물이 나와 주가가 떨어지면 끌어올려 주고 있습니다. 그리고 중요한 것은 지지 캔들이 점진적으로 상승하고 있다는 점입니다. 나오는 매물을 올려서 받아 주고 있습니다. 주가를 추가 상승시키려는 의지가 없다면 나올 수 없는 지지 패턴입니다.

상승 후 지지 패턴 물량을 소화했으니 위꼬리 돌파 시도가 나오겠죠. 공략 준비를 해야 합니다. 정신 놓고 있다가는 이번에도 못 먹습니다. 밥상이 어디 있는지 알려 줬으면 밥은 본인이 떠먹어야죠.

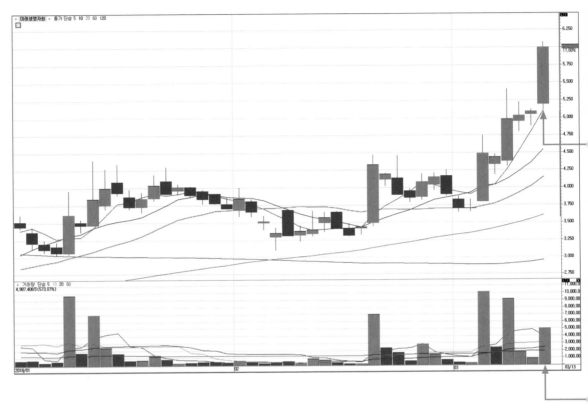

예상대로 올라가죠. **17%짜리 상승**이 나왔습니다. 돈뭉치 하나 챙기고 나옵니다. 너무 욕심내지 마시고 능력껏 먹을 수 있는 만큼만 챙기고 나오면 됩니다. 넘치게 먹으려고 하다가 오히려 다 토해 냅니다. 흐름대로 해야죠.

상승 후 지지가 연속으로 나오고 있습니다. 그런데 앞의 상승보다는 **거래량이 많지 않아요.** 이게 전고점 돌파와 다른 점입니다. 나올 물량이 없기 때문입니다. 물린 물량이 없는 것이죠.

이런 경우 상승 확률이 더욱 높습니다. 주가를 끌어올리는 세력 입장에서도 고점에서 나올 매물을 걱정하거든요. 주가를 한참 끌어올리는데 예상 밖의 매물이 쏟아진다면 주가 올리기를 포기할 수도 있습니다. 감당이 안 되니까요. 이 종목처럼 물량 소화가 잘된 종목은 주가를 끌어올릴 때 물량이 얼마 나오지 않습니다. 추가 상승을 노리는 전략도 괜찮습니다.

분봉

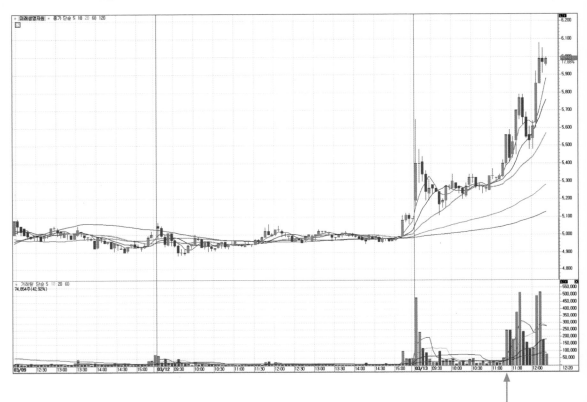

분봉을 보면 장 시작하자마자 치고 올라갔다가 조정을 받고 11시 이후 다시 주가를 끌어올리고 있습니다. 이런 건 장 시작과 동시에 붙기 힘듭니다. 그러면 그냥 포기할까요? 아니죠. **11시 이후 다시 거래량이 증가하는 시점을 노립니다.**

주가를 끌어올릴 때 초보 데이트레이더들은 접근하기 어려운 출렁임이 있습니다. 여기서 버티거나 여러 번 매수로 수익을 극대화할 수 있습니다. 하지만 적은 수익을 얻었다 해도 만족할 줄 알아야 합니다. 이런 경우는 책에서 설명할 수 없는 부분입니다. 개인의 능력과 그날의 운에 의지할 수밖에 없습니다.

수익을 많이 얻었건, 적게 얻었건 돈을 벌었다는 사실에 만족하고 내일 장을 준비하면 됩니다. 그날의 수익에 만족하는 자세는 데이트레이더의 필수 덕목입니다.

상한가로 시세 분출 후 윗꼬리
부근에서 지지되는 종목을 노려라

장기 차트

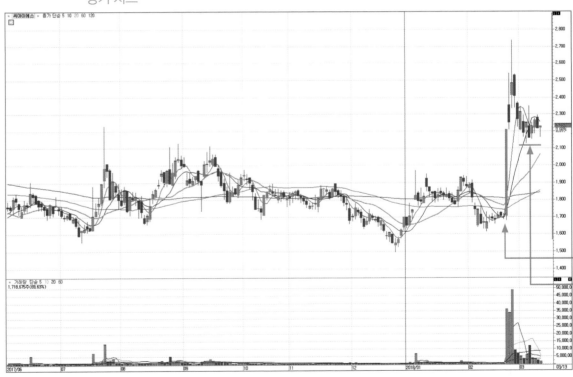

장기 차트를 보니 주가 흐름은 별 볼일 없습니다. 1000원대에서 머물고 있는 종목입니다. 많은 단기 투자자가 저가형 주식을 노리는데 '저가형 주식은 세력이 개입하기 좋다'라는 인식을 가지고 있기 때문입니다.

그러나 동전주라 불리는 종목을 매수했다가 상장폐지를 겪는 경우도 종종 볼 수 있습니다. 기업에 대해 아무것도 모르면서 단지 싸다는 이유로 매수했기 때문입니다.

주가가 싼 데는 다 이유가 있습니다. 생각해 보세요. 기업 가치가 좋고 성장 가능성이 높은데 주가가 싼 경우 봤습니까? 이 종목도 보세요. 최근 한 달간 빼놓고는 장기간 주가 변화가 없습니다. 싼 주식은 세력이 개입하기 때문에 크게 먹을 수 있다는 생각은 이제 버리셔야 합니다. 정하고 싶다면 지금처럼 데이트레이딩으로 접근하는 것이 좋습니다.

최근 이 종목의 움직임을 살펴봅시다. 1900원대에 있는 주가가 하락하는데 1700원대에 머물다가 **갑자기 상한가**가 나옵니다. 숙달되면 이 상한가도 공략해야죠. 앞에서 배운 바닥 타법을 응용하면 됩니다.

상한가 이후 거래량이 폭증하면서 2700원까지 뚫고 올라갔다가 내려옵니다. 그리고 최근 주가가 더 이상 무너지지 않고 상한가 윗꼬리 부근에서 캔들이 몰려 있는 것을 볼 수 있습니다. **의미심장하죠.** 뭔가 있어요. 단기 세력이 들어와 시세 분출이 끝났다면 상한가 위꼬리에서 저렇게 버틸 수 없습니다. 확대해서 보겠습니다.

세부 차트 1

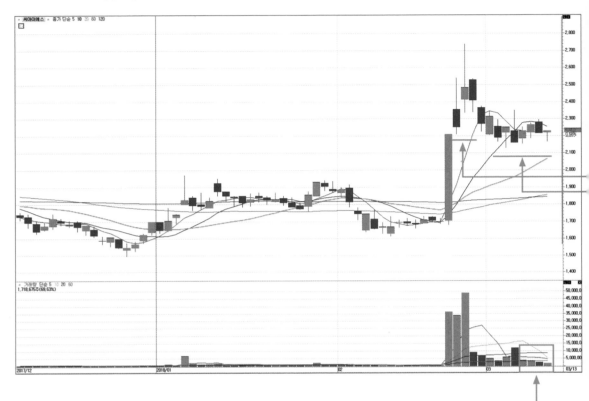

상한가 이후 2일 동안 거래량과 함께 **시세 분출**합니다. 단기 세력이 들어왔다가 물량 정리하고 나갔다고 해도 이상하지 않습니다. 왜냐하면 다음날부터 거래량이 확 줄면서 주가가 하락하기 때문입니다.

세력이 완전히 빠져나갔으면 그냥 주가가 하락하거나 두서없이 움직여야 합니다. 하지만 상한가 윗꼬리를 깨지 않고 있어요. **최근 7일간** 주가를 잘 지지하고 있습니다. 그리고 거래량을 보세요. 점점 줄어들고 있습니다. 주가는 지지되는데 거래량은 **점점 줄어듭니다.**

세력이 완전히 빠져나간 것이 아니라 고점에서 나오는 물량을 받쳐 놓고 지지하고 있는 겁니다. 이 과정에서 거래량이 줄어드는 것은 나올 물량은 다 나왔다는 겁니다. 매도할 물량이 없으면 주가는 올라갑니다.

이 경우는 앞에서 주가를 끌어올린 세력이 물량을 완전히 정리를 못 했을 가능성이 높습니다. 아니면 호재가 발생했는데 아직 재료가 유효한 경우입니다. 우리는 기업이 어떻게 돌아가는지, 세력이 어떻게 하고 있는지 알 수 없습니다. 실전 경험을 통해 예측하는 것뿐이죠. 분명한 건 지금 이 종목은 올라갈 자리에 위치했다는 겁니다.

세부 차트 2

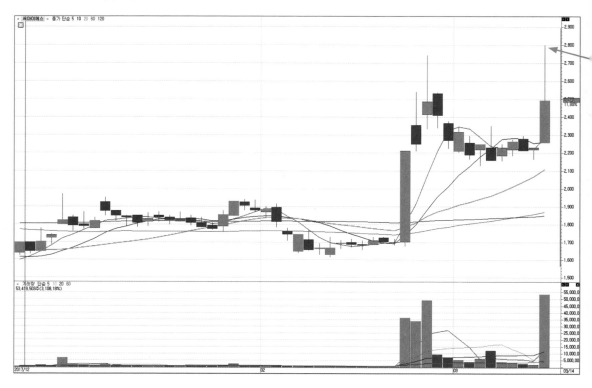

주가가 예측대로 상승합니다. 우리는 호가창에 거래량이 붙는 걸 보고 매수에 들어가면 됩니다. 다들 돈뭉치 하나씩 들고 나왔죠?

장중 2800원 찍고 내려옵니다. 종가는 대략 12% 정도 상승 마감합니다만, 우리가 종가로 보유하는 종목이 아니기 때문에 장중 주가가 중요합니다. 2000원대 주가의 상승폭이 주당 500원이 넘습니다. 엄청나죠. 준비하고 있던 종목이 장중 이 정도 상승했는데 얼마라도 못 먹으면 말이 안 되죠. 무조건 먹고 나와야 하는 종목입니다.

특히 이 종목은 장대양봉 이후 주가가 횡보하고 있습니다. 이는 장대양봉에 들어온 세력이 존재하고 있다는 뜻이죠. 올라갈 확률이 매우 높습니다. 이 종목은 데이트레이딩뿐 아니라 일반 매매에서도 놓쳐서는 안 되는 종목입니다. 이런 종목을 발굴한 다음 스윙매매를 할지, 데이트레이딩을 할지 결정하면 되는 겁니다. 일단 종목부터 발굴해야 매매를 할 수 있는 것이지요. 먼저 종목 발굴에 힘을 쏟으시기 바랍니다.

분봉

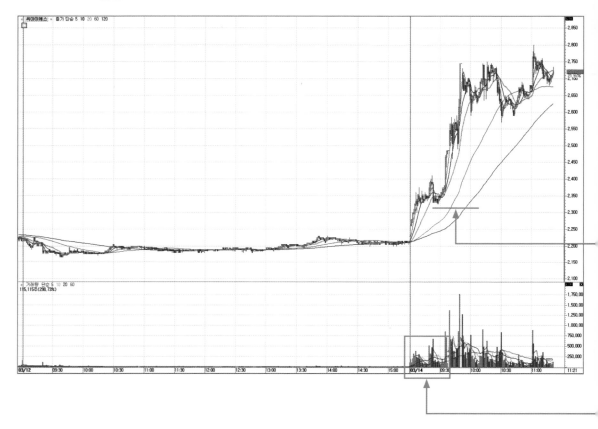

약한 갭상승 이후 **오전장에** 주가를 확 끌어올립니다. 장 시작 한 시간 만에 결판이 났습니다. 우물쭈물하면 못 먹는 겁니다. 하지만 우리는 준비하고 있었습니다. 시작하자마자 **거래량 폭증**하는 거 보이시죠. 거래량 증가 때문에 매수 신호는 껌벅거리고 호가창이 얼마나 요란했겠습니까. 즉시 들어가 현금 다발 챙기고 나오면 되는 거죠. 돈 벌기 쉽습니다.

물론 숙달되기 전까지는 어렵습니다. 보자마자 척척 벌면 얼마나 좋겠습니까. 그래서 연습이 필요합니다. 아무리 쉬운 일이라도 숙달 과정이 필요합니다. 최소한의 노력도 없이 돈을 벌 수는 없습니다.

물론 이 과정이 쉽지는 않습니다. 쉽다면 누구나 주식시장에서 돈을 벌겠죠. 어렵기 때문에 노력이 필요한 것이고, 수익을 올릴 수 있는 종목 찾기에 열중해야 하는 겁니다. 내가 발굴한 종목으로 수익을 올리면 마음이 뿌듯하고 주식시장의 돈이 다 내 것같이 느껴지지요. 그런 희열을 여러분도 맛보시기 바랍니다.

복잡한 차트의 수렴 구간을 공략하라

장기 차트

장기 차트를 살펴보죠. 이 종목은 동전주였다가 탈출을 하고 최근 3개월 사이 1000원대로 올라선 모습입니다. 그리고 **약 2개월 전에 1400원을 찍으면서** 100% 정도 상승했습니다.

고점을 찍은 이후의 주가를 살펴보면 너무 복잡합니다. 장중에 갈피를 못 잡고 오락가락하고 있어요. 어디로 튈지 모르는 상황입니다. 건드리기 매우 어려운 종목이죠. 하지만 이런 과정 속에서 차트가 만들어지고 있습니다. 위아래로 정신없이 움직이는 것 같지만 **한 곳으로 주가가 몰리면서** 안정되고 있는 모습입니다.

세부 차트 1

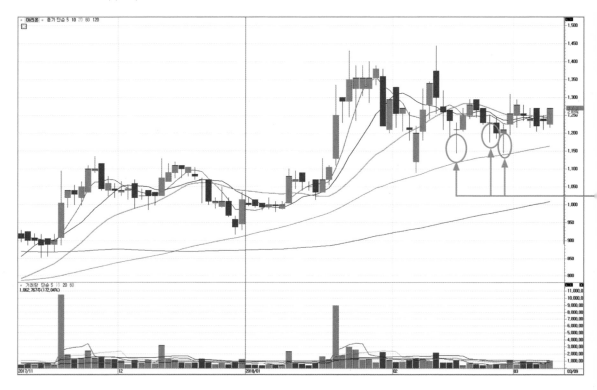

주가가 한곳으로 모이면 어느 곳으로든 방향성을 정하게 돼 있습니다. 그래서 주가가 수렴하는 종목을 중요하게 생각하지요. 이 종목은 100% 상승한 종목입니다. 이후 완만히 하락하는데 밑으로 떨어지면 밑에 **꼬리를 달면서** 지지해 줍니다. 만약 세력이 빠져나간 종목이라면 주가가 하락할 때 지속적으로 끌어올릴 필요가 없습니다. 다 이유가 있는 것이죠.

상승 조짐이 보이는 종목인데 주가가 수렴하고 있습니다. 곧 주가 상승이 일어날 가능성이 매우 높다는 것이죠. 관심 종목에 설정에 놓고 거래량이 터져 주기를 기다리기만 하면 됩니다.

아무리 차트가 예뻐도 거래량이 없으면 덤비는 거 아닙니다. 가끔 '이 종목 왜 매수했습니까?' 하고 물어보면 차트가 예뻐서 샀다고 대답합니다. 그런데 중요한 것이 한 가지 빠졌어요. 거래량이 없으면 아무 소용없다는 겁니다. 아무리 예쁜 차트도 한순간에 나쁜 차트로 변하기도 합니다. 돈뭉치가 쏟아질지는 거래량에 달려 있습니다.

세부 차트 2

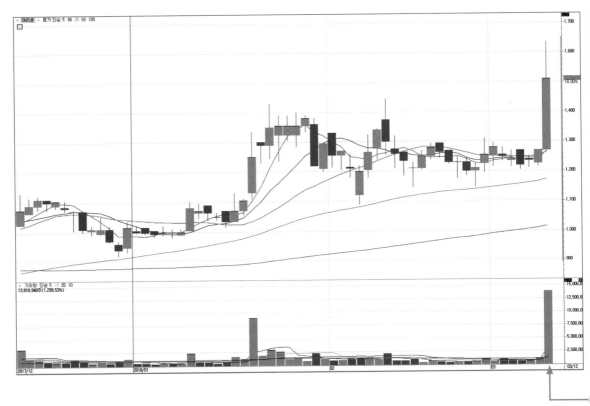

진짜 예쁜 차트였습니다. **거래량**이 터져 주면서 장중 1600원을 돌파한 모습입니다. 종가는 19% 상승 마감입니다. 우리는 장중에 덤비는 스타일이니까 충분히 수익을 얻고 나올 수 있었습니다.

주당 400원 정도 올라갔는데 수익이 없으면 기다린 보람이 없잖아요.

물론 수익은 트레이더마다 다를 수 있습니다. 저점에서 빨리 진입하는 트레이더가 있을 수 있고 조금 늦게 고가에 진입하는 트레이더가 있을 수 있습니다. 똑같은 종목을 보고 매매하더라도 수익은 다 다릅니다. 그렇다고 누가 더 잘한다고 볼 수는 없습니다. 한 종목의 수익을 보고 트레이더의 실력을 판단하지는 않습니다. 중요한 것은 발굴한 종목에서 수익을 올리고 나오는 것입니다. 종목은 매일 나옵니다. 조급할 것 없습니다.

분봉

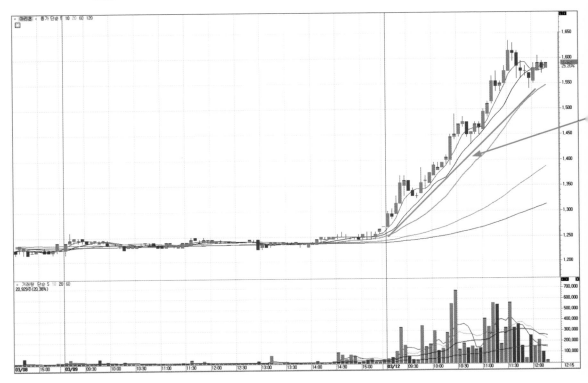

이거는 먹기도 정말 좋은 종목입니다. 장 시작부터 12시까지 **흔들림 없이 계속 오릅니다.** 초반에 들어가면 주당 300원, 아무리 초보라도 최소 100원은 먹고 나올 수 있습니다. 9시에 1300만원 가지고 들어갔으면 12시에 1600만원, 즉 300만원 챙기고 나오는 겁니다.

이것 말고 '뭐가 신기한 매매법이 있을 거야'라고 생각하시는 분들, 대박 노리시는 분들, 빨리 딴 곳에서 놀아 주세요.

분봉으로 봤을 때 주가가 이평선을 타고 올라가고 있습니다. 장중 변동성도 없이 상승합니다. 그만큼 매수세가 안정적이라는 뜻이죠. 장중에 나오는 차익매물을 정말 깔끔하게 소화하고 있다는 것은 그만큼 이 종목을 컨트롤하는 세력의 지금이 많다는 겁니다.

이런 종목을 잡았다면 분봉을 보고 최대한 길게 끌고 가야 합니다. 그래야 계좌에 돈이 쌓이는 맛을 볼 수 있어요.

음봉도 지지 캔들이면 공략하라

장기 차트

차트를 보면 최근 2개월간 주가 움직임이 요동을 칩니다. 앞의 주가 움직임도 생각보다 큽니다. 1700원대에서 2100원대까지 움직였으니 대형주의 움직임 치고는 변동폭이 큰 것이죠. 하지만 최근 주가 움직임이 워낙 크기 때문에 변동폭이 커 보이지 않습니다. 데이트레이딩에 적합한 구간은 아니죠. 중요한 것은 변동폭이 커진 지금입니다. 데이트레이딩에는 주가 변동성이 필수이니까요.

최근 주가 흐름을 보면 1800원대에서 2500원 찍고 내려옵니다. 그리고 2000원 초반 주가가 1900원대까지 하락했다 다시 급등합니다. 이 부분 확대해서 살펴볼게요.

세부 차트 1

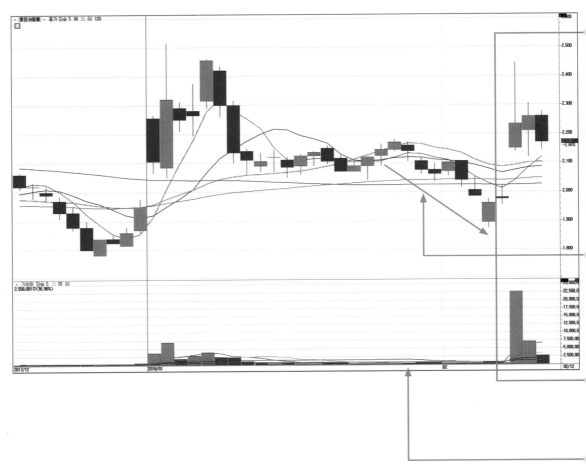

화살표 부분부터 살펴보겠습니다. 주가 상승 후에 지지가 되죠. 1개월 정도 주가가 무너지지 않고 횡보합니다. 이렇게 연속 단봉으로 지지가 되면 재상승 가능성이 높습니다. 아직 세력이 물량을 정리하지 못했다는 것을 의미하기 때문이죠. 하지만 바로 올라가지 못하고 밀려 내려옵니다. 세력이 물량을 정리하기 위해 한 번 빼고 다시 주가를 제자리로 돌려놓습니다. 개인들의 물량을 마지막으로 흔드는 것이죠.

만약에 올라갈 것을 예상하고 미리 매수하고 있었다면 주가가 흔들릴 때 손해를 보고 물량을 정리했을 것입니다. 그런데 바로 주가를 끌어올리니 물량 놓쳐서 쓰린 속을 부여잡고 있었을 것입니다. 주가가 예상을 벗어 날 때의 대응 전략이 없다면 속수무책으로 당할 수밖에 없는 것이 주식입니다. 예상대로 주가가 움직인다면 누구나 주식으로 큰돈을 벌 것입니다. 하지만 예상을 뛰어넘는 것이 주식입니다. 누구나 덤빌 수는 있지만 모두가 돈을 벌 수는 없죠.

이 구간은 우리가 공략해야 할까요? 차트는 공략하라고 알려줍니다. 하지만 조건이 안 맞습니다. 뭐죠? 바로 거래량입니다. **거래량이 없어요.** 거래량이 없는데 접근했다가는 당합니다. 거래량이 이렇게 중요합니다.

신호등으로 치자면 차트는 노란색입니다. 거래량 없이 주가가 움직이면 빨간불, 거래량이 있으면 파란불입니다. 이 종목은 거래량 없이 주가가 움직입니다. 빨간불로 바뀐 겁니다. 멈춰야죠.

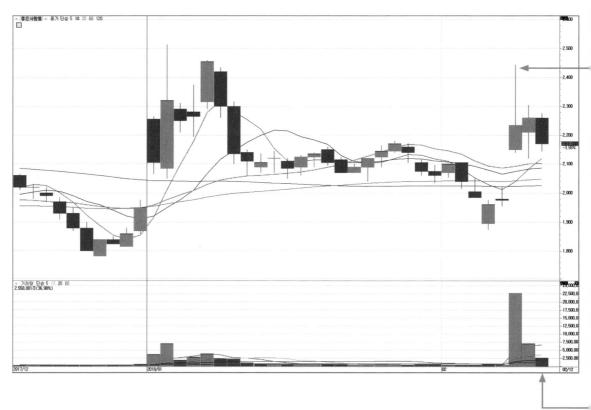

이제 최근 3일간을 살펴보겠습니다. 주가를 뺀 후 다시 급등시키죠. 주가를 전고점까지 올려놓습니다. 돌파는 못하고 **윗꼬리를 길게 달고** 밀립니다. 주가가 밀리는가 싶은데 다음날 밑꼬리 달고 주가를 살려 놓습니다. 그리고 오늘 음봉이지만 밑꼬리 달고 주가를 지지합니다.

주가를 크게 흔들어 놓았기 때문에 전고점 돌파 시도가 바로 나올 수 있습니다. 앞에 조정이 있어서 이번에는 바로 돌파 시도가 나올 가능성이 매우 높습니다. 작업이 끝났으니까 이제는 움직여야 하는 것이죠.

오늘 거래량이 확 줄었기 때문에 개인 물량 소화가 끝났다고 판단하고 내일 주가 흐름을 주시합니다.

거래량이 눈에 띄게 줄었는데 주가가 크게 무너지지 않는다면 첫 번째 상승 양봉에 개입한 세력이 아직 남아 있거나 재료에 대한 기대감이 남아 있다 판단해서 차트가 완전히 무너지기 전까지는 공략 타이밍을 노려야 합니다.

세부 차트 3

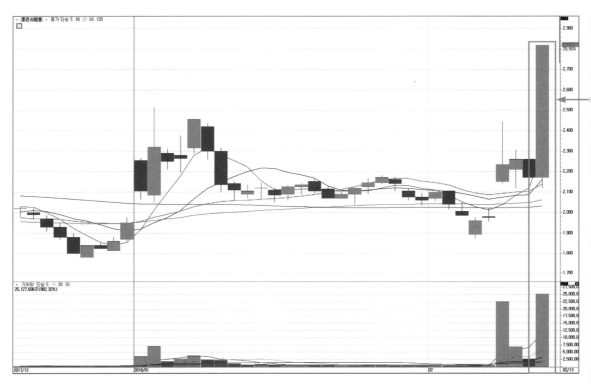

주가를 상한가에 안착시켰습니다. 전고점도 쉽게 돌파했습니다. 앞의 고점도 세력이 만들고 지금도 세력이 만들었습니다. 최근 2개월 정도 세력이 장악한 종목입니다. 오늘 상한가를 만들면서 **거래량이 엄청나게 늘었습니다**. 시세 분출하는 것이죠.

이 종목을 우리만 보고 있을까요? 아니죠. 전국에 많은 투자자들이 보고 있습니다. 이들도 주가가 올라가기만을 기다리고 있습니다. 올라가니까 달라붙는 것이죠. 우리는 거기에 편승해서 수익을 챙기고 나오는 겁니다.

세력이 주가를 움직여 전국의 개미들이 따라붙으면 주가는 더욱 탄력을 받고 움직입니다. 수익을 올릴 수 있는 폭이 크다는 뜻이죠. 주가가 30% 올라가는 동안 한입 먹고 다른 종목으로 갈아타면 됩니다.

수익을 올릴 자리에 있는 종목을 찾았다 해도 전부 수익을 올릴 수는 없습니다. 일부라도 수익을 올리는 연습을 해야 합니다. 꾸준히 종목을 찾고 그중에서 몇 종목이라도 수익을 올릴 수 있다면 계좌에 돈이 쌓입니다. 데이트레이딩 연습은 성공 확률을 높이는 쪽으로 하셔야 합니다. 그래야 진짜 성공할 수 있습니다.

분봉

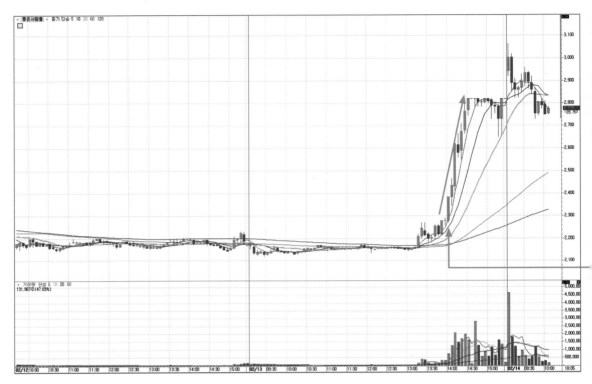

이 종목은 장 시작부터 움직이지 않고 **1시부터** 움직입니다. 급등하는 종목은 주로 오전에 움직이지만 이 종목처럼 오후에 움직이는 종목도 있습니다.

준비해 놓은 종목이 오전에 움직이면 수익을 올리고, 오후에 움직이는 종목이 또 있으면 하루 두 번 수익을 올릴 수 있습니다.

초보 데이트레이더라면 절대 조급해할 필요가 없습니다. 숙달되기도 전에 종목이 나왔다고 흥분하고 마음대로 매매하면 절대 실력이 늘지 않습니다. 조급해하지 말고 원칙대로 매매하면 좋은 결과를 얻을 수 있습니다. 입문자에게 중요한 것은 종목 발굴 능력이지 매매해서 하루 30% 먹는 능력이 아닙니다. 천천히 능력을 쌓아가는 것이 성공 투자의 지름길이라는 것을 명심하시기 바랍니다.

고점 돌파 후 매집 캔들이
나오면 공략하라

장기 차트

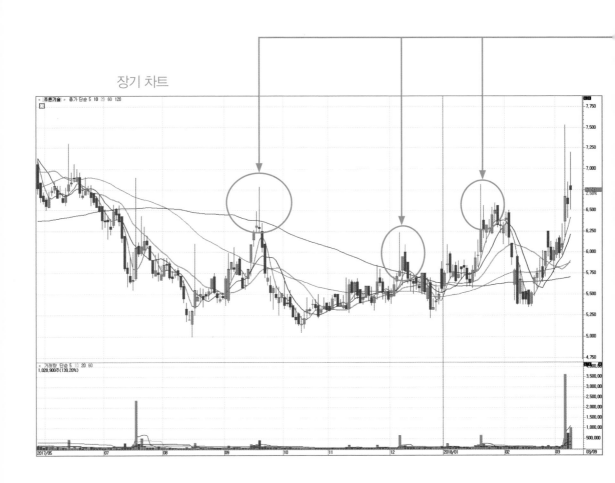

장기 차트를 보면 주가가 상당히 지저분합니다. 주가가 하락한 이후 바닥에서 상승과 하락을 반복합니다. 최근 흐름을 보면 주가가 **고점 돌파를 시도**합니다. 주가가 오락가락하면서 고점에서 소위 악성 매물을 많이 만들어 놓았습니다. 고점 돌파가 쉽지 않습니다. 하지만 최근 며칠간의 주가 흐름은 의미가 있습니다.

먼저 살펴볼 것이 있습니다. 앞에 고점이 몇 개 있죠? 세 개입니다. 크게 본다면 박스권에 갇힌 종목인 것이죠. 전고점만 되면 주가가 무너집니다. 그럼에도 불구하고 다시 돌파 시도를 합니다. 이는 박스권을 돌파하려는 강한 의지로 읽어야 합니다. 박스권을 돌파할 만한 강한 재료가 있는 것이죠. 그래서 박스권을 돌파하려는 종목은 눈여겨봐야 합니다. 확대해서 살펴보겠습니다.

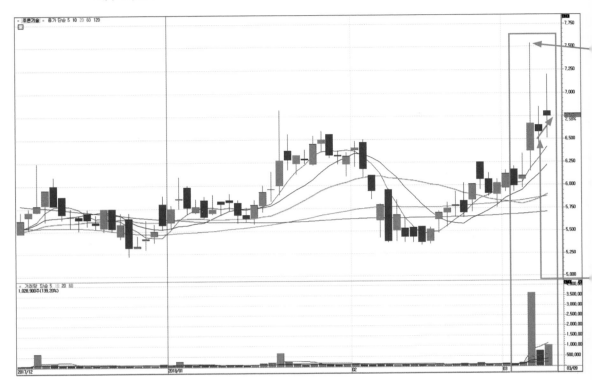

박스 안의 주가를 살펴보겠습니다. 전에 볼 수 없는 엄청난 거래량이 터지면서 주가가 장중 크게 상승하지만 **윗꼬리를 길게 달고** 내려옵니다. 전체 차트를 보면 몇 개의 고점 매물대가 있습니다. 전부 악성 매물입니다. 물려 있는 투자가 고점마다 가득 차 있다는 것이죠. 그러니 대량 거래로 주가를 끌어올렸다 하더라도 쏟아지는 매물을 감당할 수 없는 겁니다. 주가를 끌어올린 세력 입장에서도 쏟아지는 매물을 고점에서 버티며 다 받을 필요가 없으니 일단 후퇴합니다.

만약 세력이 감당할 수 없는 매물이라면 주가는 하락했겠죠. 하지만 어제 오늘의 주가는 어떻습니까. 비록 음봉이지만 **저점이 상승**을 하고 있습니다. 장중에 윗꼬리의 매물을 소화해 주고 있어요.

전고점 매물을 장중에 소화하고 내려왔다가 다시 남은 매물을 소화하면서 주가를 끌어올리고 있습니다. 강하게 고점을 뚫을 자리인 것이죠. 관심 종목에 집어넣고 다시 거래가 터지기를 기다리면 됩니다.

세부 차트 2

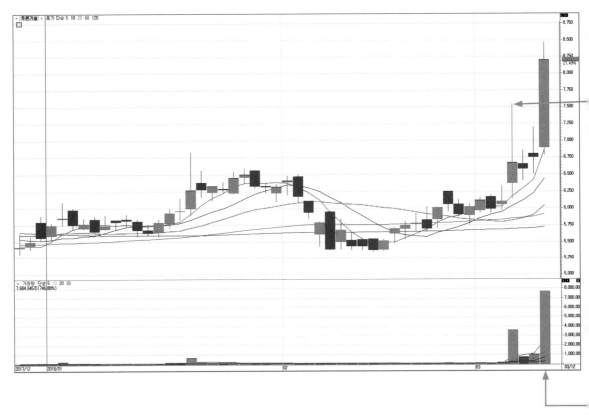

며칠 전도 많은 거래량이라고 생각했는데 앞의 거래량을 뛰어넘는 **엄청난 거래량**과 함께 주가가 상승하기 시작합니다. 공략해야겠죠.

전고점을 장대양봉으로 돌파하죠. 그런데 **장중에 크게 밀립니다.** 윗꼬리가 길게 달리죠. 그런데 무너지지 않고 2일 연속 지지캔들이 나옵니다. 비록 음봉이기는 하지만 첫 번째 양봉의 윗꼬리 매물을 소화해 주고 있습니다. 일종의 매물 테스트를 하는 것이죠. 양음양의 지지캔들로 해석해도 좋습니다. 주가가 올라갈 확률이 매우 높은 자리입니다. 매물 소화 캔들이 하나 더 나올 수도 있었지만 이 종목은 강하게 주가를 끌어올립니다.

어느 시점에서 주가를 끌어올릴지는 몰라요. 그러나 상승할 확률이 높은 자리가 만들어졌으니 대응해야 됩니다. 100% 완벽한 매수 자리가 나오는 종목은 흔하지 않습니다. 얼마나 확률 높은 종목을 찾아 매매에 성공하느냐가 바로 실력입니다.

분봉

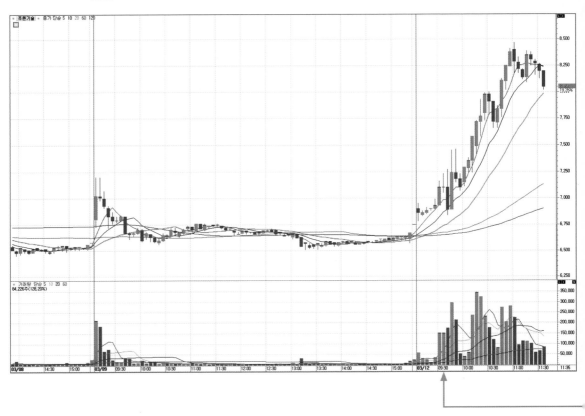

장 초반부터 **강력한 매수세**가 유입되면서 주가를 끌어올리고 있습니다. 매수 타점이 나오기를 기다리고 있는데 진짜 나왔어요. 당연히 공략해야 겠죠. 워낙 강한 매수세가 유입됐기 때문에 매수 후 홀딩했으면 수익을 극대화할 수 있었을 것입니다. 이런 종목에서 벌어야 돈이 쌓입니다.

특히나 이 종목은 장중 상승이 워낙 좋습니다. 이평선을 타고 쭉 올라가고 있습니다. 중간에 매물을 받고 밀리는 모습이 없습니다. 앞에서 얘기했듯이 강한 매수세의 유입이죠. 매도 없이 끝까지 가보는 전략을 구사하는 것이 좋습니다.

데이트레이딩이라고 해서 2~3% 수익 내고 매도하는 것이 전부라고 생각하면 안 됩니다. 수익을 낼 수 있는 종목을 잡았을 때 수익을 극대화해야 손절하는 종목이 나왔을 때 커버가 됩니다. 그래야 누적 수익이 쌓입니다.

박스권을 계속 살리는 패턴을
공략하라

장기 차트

전체 차트를 살펴보겠습니다. 주가가 지속적으로 하락하다 약 **2개월 전에 급등**합니다. 이후 주가가 더 이상 상승하지 않고 박스권을 형성하고 있습니다. 주가가 크게 오르면 일정한 방향으로 흐르기 마련인데 주가를 인위적으로 관리하고 있는 모습입니다. 최근 주가 흐름이 예사롭지 않습니다.

장대양봉 이후 주가가 무너지지 않고 고점에서 움직이고 있습니다. 중간에 갭하락 모습도 보이지만 바로 끌어올려 양봉을 만들어 놓고 있습니다. 주가 상승 이후 더 이상 상승하지도 않고, 하락하지도 않는 경우는 흔하지 않거든요. 장대양봉에 들어온 세력이 주가를 관리하고 있다고 봐야지요. 그러다 최근 주가를 다시 들어 올리고 있습니다. 이 정도면 관심종목에 들어가 있어야겠지요. 확대해서 살펴보겠습니다.

세부 차트 1

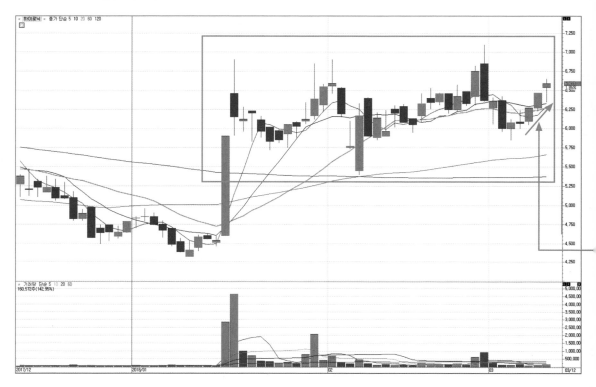

잠시 주가가 박스권을 벗어나는 경우는 있어도 일정 가격대를 지켜주고 있습니다. 2개월 정도 이런 가격대를 유지하는 건 개인들의 매매 가지고는 안 됩니다. 주가 관리 세력이 있어야죠. 앞에서 주가를 크게 끌어올린 세력이 주가를 관리하고 있다는 판단이 들 수밖에 없는 종목입니다.

최근 며칠 사이 주가가 다시 박스권 상단을 향해 가고 있습니다. 캔들을 보세요. **양봉 밀집입니다.** 거래량은 바닥이고요. 이 정도면 '박스권 돌파 시도가 나오겠구나'라고 생각해야 합니다. 이 차트를 장중에 발견했다면 관심 종목에 집어넣고 노려야겠죠.

세부 차트 2

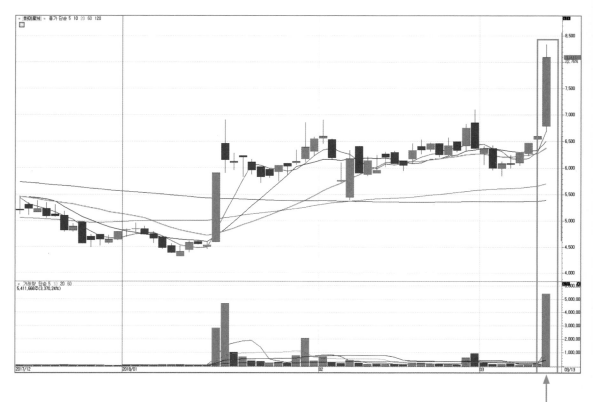

박스권 돌파 가능성이 있는 종목이 장중에 **대량 거래 터지면서** 올라가면 매수해야죠. 상승 신호를 보내는 종목에 엄청난 매수세가 유입되면 공략해야 합니다. 데이트레이딩을 하겠다면 이런 종목은 기본적으로 잡을 수 있어야 합니다. 그런데 경력 있는 투자자도 이런 종목을 놓칠 때가 많습니다. 왜일까요?

'이렇게 쉬운 방법으로 돈을 벌 리가 없어. 주식으로 돈을 버는 뭔가 근사한 방법이 있을 거야'라고 생각하기 때문이죠. 그리고 온갖 보조지표로 차트를 치장합니다. 보조지표보다 차트에서 세력의 움직임을 찾아야 합니다.

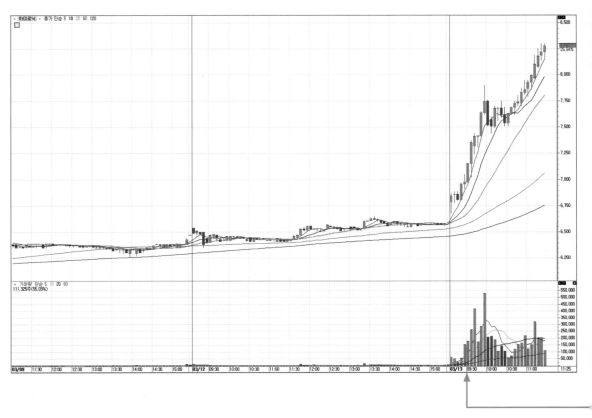

장 개시부터 강하게 끌어올리고 있네요. 관심 종목으로 살펴보고 있다가 **시작부터 강하게 매수세가 유입**되면 들어가서 수익을 챙기고 나오면 됩니다.

이 종목은 워낙 강하기 때문에 매수했으면 홀딩 전략도 괜찮습니다. 강하게 매수세가 유입되는 종목은 수익을 얻었다고 해서 일찍 팔지 말고 이익을 극대화하는 것도 방법입니다. 상승할 자리에 있던 종목이 상승한다면 수익을 많이 올려놓고 다음 종목을 대응하는 것이 좋습니다.

실전에서 이런 종목 하나 잡아내면 얼마나 기분이 좋을까요. 이런 종목을 잡아 수익을 극대화하면 계좌에 돈이 쓱~ 쌓입니다. 그 맛에 주식투자를 하는 것이죠. 그렇게 하려면 일단 이런 종목을 찾아야겠죠. 그리고 실전에서 잡아야 합니다. 종목 찾기를 게을리해서는 트레이더로 성공할 수 없습니다. 아시겠죠?

09 세원셀론텍

끝없이 올라가는 종목을 공략하라

장기 차트

장기 차트를 살펴보겠습니다. 10월까지는 하락 추세에 있다가 11월 들어 주가가 오르기 시작합니다. 2000원 초반대의 주가가 오르기 시작하는데 **4000원대까지 돌파했다가** 밀린 다음 **어제 4500원대를 완전히 돌파한** 모습입니다.

　　전형적인 시세 분출 패턴입니다. 장기간 주가를 끌어올렸다가 마지막에 있을 시세 분출을 노리고 강하게 끌어올리는 것이죠. 이러한 시세 분출은 한 번에 끝나지 않고 여러 번 강하게 끌어올리는 경우가 많습니다. 그렇기 때문에 어제의 시세 분출을 놓쳤다 하더라도 포기할 필요가 없습니다. 오히려 데이트레이딩은 이제부터 시작일 수 있습니다. 확대해서 살펴보겠습니다.

세부 차트 1

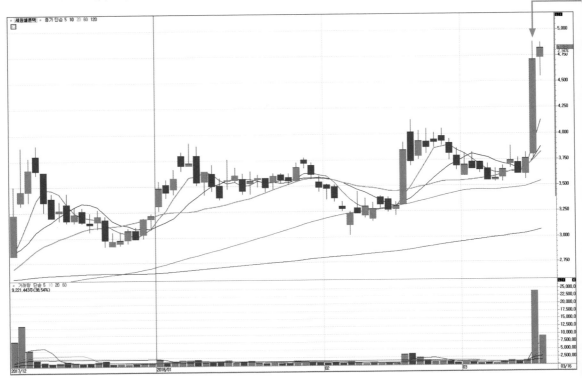

어제 강한 장대양봉이 나왔습니다만 상한가에 안착시키지 못하고 밀렸습니다. **윗꼬리가 조금 생겼습니다.** 그런데 오늘 보니까 윗꼬리의 물량을 소화해 주는 캔들이 나왔습니다. 강하게 시세를 분출한 상황에서 위꼬리에 있는 매물을 소화해 주고 있어요.

그러면 여기서 주가가 끝날까요? 여러분이 세력이라면 이걸로 끝내겠습니까? 더 올려야죠. 강하게 치고 올라간 종목은 또 강하게 끌어올려야 합니다. 그래야 개인 투자자의 주목을 받기 때문입니다. '지금 주가 올리고 있으니까 따라 들어와' 하고 유혹하는 겁니다. 따라 들어가면 됩니다.

세부 차트 2

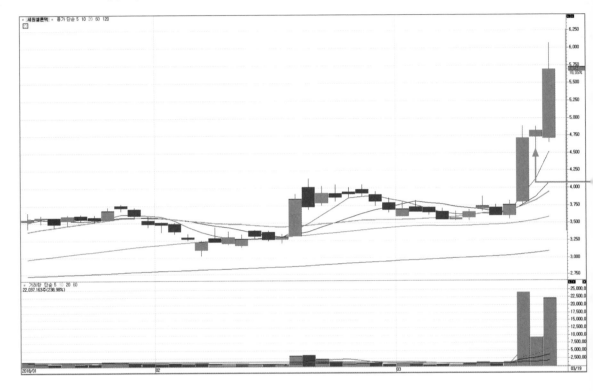

장중 6000원을 돌파했습니다. 종가는 18% 정도 상승 마감했습니다. 이 정도 상승이면 충분히 수익을 낼 수 있겠죠.

지금은 **하루 지지 캔들** 후 올라갔지만 실전에서는 추가적인 지지 후 올라가는 경우가 많습니다. 이럴 때는 여러 캔들을 하나로 해석하면 됩니다. 지지가 길어졌을 뿐 주가가 올라가는 원리는 똑같습니다. 100% 똑같은 차트는 나오지 않기 때문에 해석하는 능력이 있어야 합니다. 차트 분석 능력이 있다면 수익은 자연스럽게 따라오게 되어 있습니다.

사실 이런 차트는 실전에서 자주 나오지 않습니다. 그러기에 더욱 놓쳐서는 안 되는 종목인 것이죠. 수익을 올릴 수 있는 확률이 높은 차트를 찾고, 놓치지 않고 공략할 수 있다면 더 이상 공부가 필요 없는 최고의 트레이더라 할 수 있습니다. 그 단계에 오를 때까지 노력합시다.

분봉

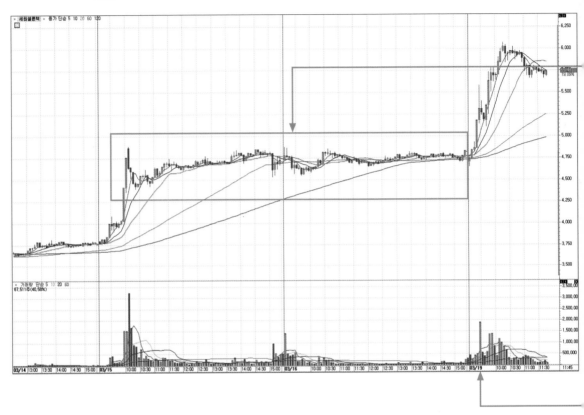

체크된 부분을 봐주세요. 첫 번째 장대양봉의 분봉을 보면 오전장에 쭉 끌어올리고 상한가가 아닌데 고점에서 계속 지지가 됩니다. 다음날 지지 캔들도 흔들림 없이 고점에서 지지가 됩니다.

주가를 끌어올리고 고점에서 물량을 소화해 주고 있는 것이죠. 쉬운 일이 아닙니다. 그런데 이 종목이 해내고 있어요. 저렇게 고점해서 물량 소화하고 주가를 뺄 일은 없습니다. 치고 올린다고 보면 됩니다.

예측대로 아침부터 거래량 터지면서 주가를 끌어올리고 있습니다. 오전 장에 승부가 갈렸습니다. 미리 준비하고 있었으면 장중 대응이 쉬웠을 겁니다. 종목 분석과 과감한 배팅을 할 수 있다면 주가 상승으로 발생한 수익이 여러분의 계좌에 입금될 것입니다.

10 혜인

전고점 돌파 후 지지가 되면
공략하라

장기 차트

전체 주가 흐름을 살펴보겠습니다. 이런 주가 흐름을 원형 바닥형이라고 하죠. 주가가 하락했다 완만히 상승하면서 **원형을 만드는 모습**입니다.

차트에서는 6개월 동안 주가가 하락하고 바닥 찍고 나서 4개월에 걸쳐 상승합니다. 6개월간 하락 폭을 4개월에 걸쳐 만회한 모습입니다. 하락한 기간도 길었지만 만회한 기간도 만만치 않습니다. 장기간 주가가 하락하면서 쌓인 매물을 천천히 소화하다 어제 **전고점을 돌파**하고 밀렸습니다.

돌파 후 밀린 모습이기 때문에 '돌파 매매'로 접근하기 어렵습니다. 돌파하고 밀릴 것인지, 아니면 매물을 극복하고 올라갈 것인지 판단하기 어렵기 때문이죠. 어떻게 될지 차트를 자세히 살펴봅시다.

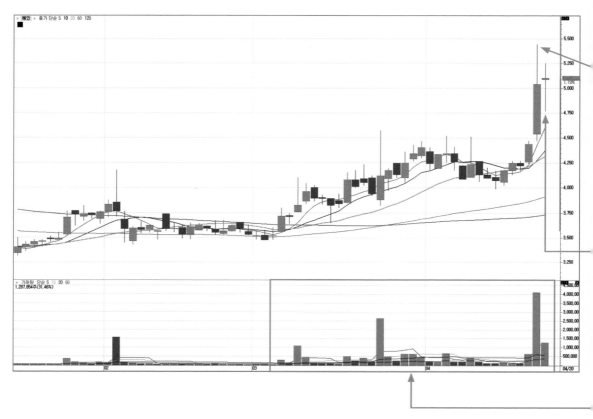

거래량을 보겠습니다. 최근 **2개월 사이 늘어난 모습**이죠. 주가를 끌어올리면서 자연스럽게 거래량이 늘어났습니다. 매물을 천천히 소화하고 있습니다. 그러다 어제 대량 거래가 터지면서 장대양봉이 나옵니다. 하지만 고점에서 밀리면서 **윗꼬리가 생겼습니다.** 전고점을 돌파하면서 물려 있던 투자자의 매물을 받고 밀렸습니다. 불안한 투자자들이 매물을 쏟아낸 것이죠.

그럼 오늘이 고비입니다. '매물 받고 올라갈 것인가, 떨어질 것인가' 많은 투자자들이 관망하고 있는 상태입니다. 그런데 **오늘 캔들 모습**을 보세요. 시가는 좋습니다. 장중에 돌파하려는 모습도 보여요. 하지만 매도세가 더 강합니다. 불안 심리가 크다는 것이죠. 그런데 장중에 밀렸다가 다시 끌어올립니다. 밑꼬리가 길죠. 주가를 다시 끌어올리겠다는 매수세가 없는 한 이런 모습은 나오지 않습니다. 거래량도 적어요. 2개월 사이에 잘 매집해 놓은 것이죠. 전고점 돌파해 놓고 나오는 매물을 소화해 준 것인데 왜일까요? 당연히 주가를 끌어올리려는 겁니다. 그럼 매매해야죠. 그런데 주식에 10년이나 투자했는데도 이런 종목을 구경만 하는 투자자가 많습니다. 그냥 지나칩니다. 준비도 없고 차트를 제대로 해석할 줄 모르니 그냥 지나치는 겁니다.

세부 차트 2

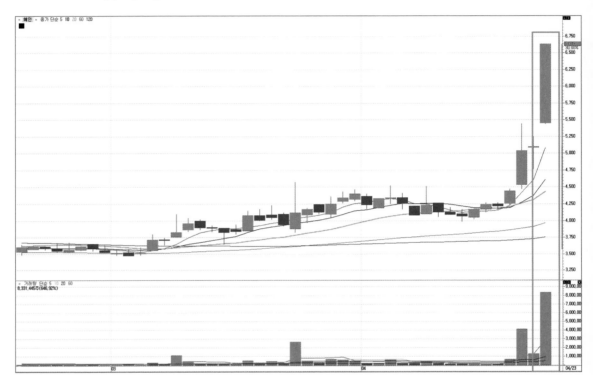

이런 결과를 얻습니다. 바로 상한가입니다. 30% 올라갔습니다. 이런 종목에서 돈 벌고 나와야죠. 여기서 못 벌면 어디서 법니까. 이런 거 놓쳐 놓고 다른 거 찾아 헤매는 투자자가 태반입니다.

안타깝죠. 하지만 다르게 생각해 보면 실패하는 사람이 많으니까 성공한 사람이 더 빛나는 것이겠죠.

이런 종목을 보고도 지나치는 투자자는 차트 분석을 할 줄 모르거나, 다르게 배웠거나, 매매에서 실패한 경험을 가지고 있을 가능성이 높습니다.

이제 배웠으니 매매하면 됩니다. 문제는 실패한 경험을 가지고 있는 투자자겠지요. '이거 해봤는데 안 돼.' 이런 생각을 하시는 분도 계실 겁니다.

다시 말합니다. 한 번 해봐서 바로 되면 누가 직장을 다니고 치킨 가게를 열겠습니까. 누가 어렵게 공부를 하겠어요. 노력한 만큼 얻어 갈 수 있는 곳이 바로 주식시장입니다. 카지노가 아닙니다. 주식시장에서 운 좋게 돈을 번 사람도 있겠지만 그건 일부입니다. 꾸준히 노력하면 언젠가 주식시장의 돈을 내 것처럼 여겨질 만큼 실력을 쌓을 수 있습니다.

분봉

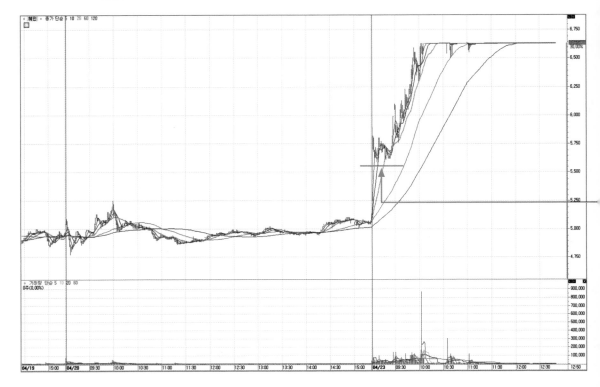

198

아침에 **갭상승**이 나옵니다. 전전일 윗꼬리 부근에서 주가가 시작합니다. 이때 머릿속에 분석한 데이터가 쫙 펼쳐져야 합니다.

'원형 바닥에 매집이 잘된 종목이며, 어제 장중 하락을 극복하며 주가 관리가 잘된 종목. 그런데 갭상승해서 주가가 시작한다. 지금 승부 볼 종목이다!'

순간적으로 판단하고 매수세가 들어올 때 바로 들어가면 됩니다. 보고 매수할까 고민하다 보면 상한가 안착입니다. 준비된 투자자는 호가창만 봐도 올라간다는 것을 알 수 있습니다. 준비가 안 돼 있으면 이것저것 찾다 끝나 버립니다. 놓치고 나서 한숨만 쉬는 거죠. 초보자라도 준비한 투자자는 돈뭉치 하나 들고 나오는 겁니다. 미리 준비할 수 있는 실력, 그리고 노력이 더해진다면 성공 투자는 가능합니다.

이렇게 자세히 설명하고 노파심에 조언해 줘도 성공하는 사람은 얼마 되지 않습니다. 얼마 되지 않는 사람 속에 꼭 포함되시기 바랍니다.

주가가 상승한 후 밀리며 끝나기도 하지만 다시 상승 시도를 하는 경우도 많이 있습니다. 앞에 있는 고점을 뚫고 올라가는 것이죠. 전고점의 매물을 극복하고 올라가는 경우는 강한 재료가 있거나 세력이 개입된 것입니다. 매물을 소화하고 올라가기 때문에 강한 장대양봉이 나옵니다. 이를 잡을 수 있다면 수익을 얻을 수 있습니다.

하지만 실전에서는 고점을 뚫지 못하고 밀릴까 봐 잘 접근하지 못합니다. 밀리면 큰 손실을 입을 수 있다는 불안감이 존재하기 때문이지요. 이를 극복할 수 있어야 성공할 수 있습니다. 이번 시간에는 어떤 종목이 전고점에 물린 악성 매물을 소화하고 올라가는지 배워 보도록 하겠습니다.

4 chapter

앉아서 돈 버는
돌파 타법

장기 고점 돌파 종목을 공략하라

장기 차트

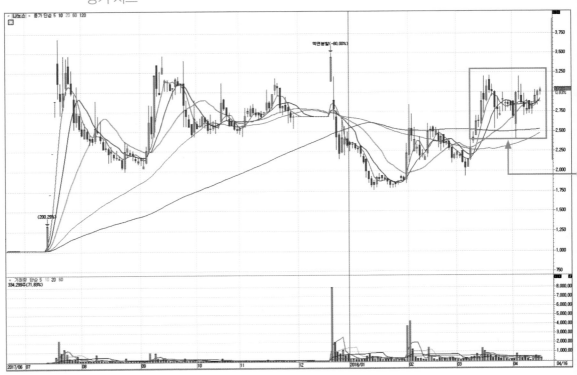

장기간 차트를 보겠습니다. 주가가 박스권에서 움직입니다. 상승 후 조정을 받고 다시 상승하면서 박스권을 형성하고 있어요. 주가가 고점을 돌파하지 못하는데 그렇다고 하락 추세를 만들지도 않습니다. 돌파 시도하고 무너지고, 다시 시도하고 무너집니다. 그러다 최근 주가 흐름을 보면 **박스권 상단 지지**가 보입니다.

앞에서 공부했듯이 이런 종목 중에서 상승하는 종목이 많이 나옵니다. 그러니 실전에서 이런 차트를 발굴했다면 종목의 뉴스를 살펴보고 추가로 상승할 재료가 있는지, 수급은 어떻게 되는지를 알아봐야 하는 것이죠. 그리고 추가 상승 가능성이 높다면 준비를 하고 있다 움직일 때 공략해야 하는 것이죠. 데이트레이딩이라고 무작정 아무 종목이나 매수하는 것이 아닙니다. 확대해서 살펴보겠습니다.

세부 차트 1

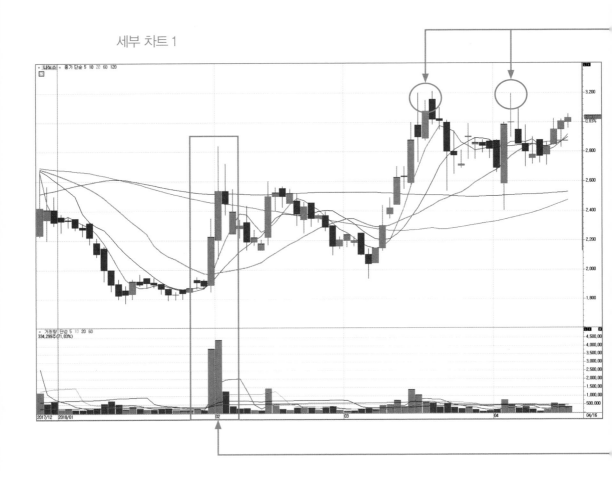

약 50일 전 대량 거래가 터지면서 주가를 끌어올립니다. 하지만 주가를 추가 상승시키지는 못합니다. 앞에 거대한 매물대가 있기 때문이죠. 바로 올렸다가는 매물을 견디지 못했을 것입니다.

이후 주가를 하락시켰다가 다시 끌어올립니다. 다음 연속적인 **고점 돌파 시도 후** 3200원을 돌파하지 못하고 있습니다. 여기서 밀리면 끝이죠. 다음 기회를 노려야 합니다. 하지만 잘 보세요. 고점 돌파 실패 이후 주가가 하락하면 밑꼬리를 달면서 다시 주가를 끌어올립니다. '이건 뭔가 있다'라고 생각할 수 있죠.

최근 2주 사이 주가를 살펴봅시다. 다시 주가를 끌어올리죠. 두 번의 돌파 시도가 실패한 종목이 다시 상승한다면 이건 돌파한다고 확신할 수 있는 겁니다.

그런데 돌파하려면 뭐가 있어야죠? 거래량입니다. 거래량만 터져주면 들어가는 겁니다.

세부 차트 2

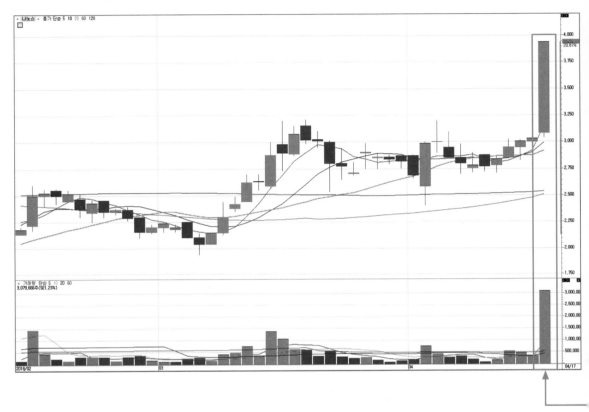

전고점은 아주 쉽게 돌파합니다. 이미 캔들이 전고점 돌파 준비를 하고 있습니다. 고점 돌파 시점에 연속적으로 상승 지지캔들이 나온다면 이제는 거래량이 터지기만을 기다리면 되지요.

돌파를 예상한 자리에서 **원하는 거래량**이 터지면서 주가가 상승하고 있습니다.

바로 들어가서 돈뭉치 들고 나오면 됩니다. 더군다나 상한가입니다. 여기서 못 먹고 나오면 안 되겠죠. 3000만원 들어갔으면 단숨에 900만원 먹고 나오는 겁니다.

욕심 없이 10% 내외만 먹어도 300만원입니다. 괜찮은 수익이죠. 주식 투자는 많이 안다고 돈 버는 거 아닙니다. 하나라도 제대로 하면 돈 법니다. 남이 차려 놓은 밥상에서 한 숟가락 떠먹고 나오는 것이 데이트레이딩입니다. 잊지 마세요.

분봉

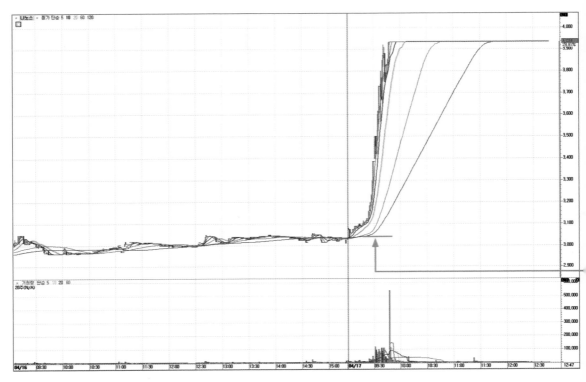

단 **한 시간 만에** 주가를 상한가에 안착시켰습니다. 실력 없는 개미들은 따라붙지 말라는 거죠. 하지만 이 책을 본 여러분에게는 다른 게 있습니다. 노리고 있었다는 겁니다. 대기하고 있다가 거래량 터지니 잽싸게 들어갔다가 먹고 나오는 거죠. 이 종목은 나올 시간도 안 줍니다. 우물쭈물하면 내 물량이 상한가에 안착돼 있습니다. 주식 투자하면서 이보다 신나는 일이 있을까요.

예전에 우물쭈물하다 하한가 맞은 적 없나요? 이제는 상한가입니다. 900만원 손실에서 900만원 수익으로 바꿀 수 있습니다. 주식으로 돈을 벌면 완전히 다른 세계가 열립니다. 주식판처럼 아름다운 곳이 없습니다. 주식 투자로 돈 버는 재미를 맛보는 건 어렵지 않아요. 매매법만 약간 바꾸면 가능합니다.

단기 고점 매물 돌파 시도를
공략하라

장기 차트

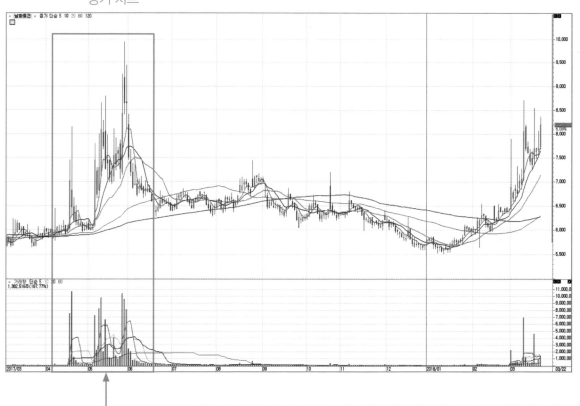

전체 차트를 살펴보겠습니다. 어마어마한 대량 거래가 터지면서 6000원대의 주가가 9000원대까지 올라간 모습을 볼 수 있습니다. 이후 주가는 추가로 올라가지 못하고 다시 제자리로 돌아옵니다. 주가를 계속 끌어올릴 만한 힘이 부족했던 것이죠.

제자리로 돌아온 주가는 5개월 정도 횡보하다가 점점 하락해 6000원을 깨고 내려갑니다. 그리고 3개월 전부터 다시 상승하고 있습니다. 8000원대까지 올라간 주가는 앞의 고점 9000원대를 노리고 있습니다만 만만한 모습은 아닙니다. 확대해서 살펴보겠습니다.

세부 차트 1

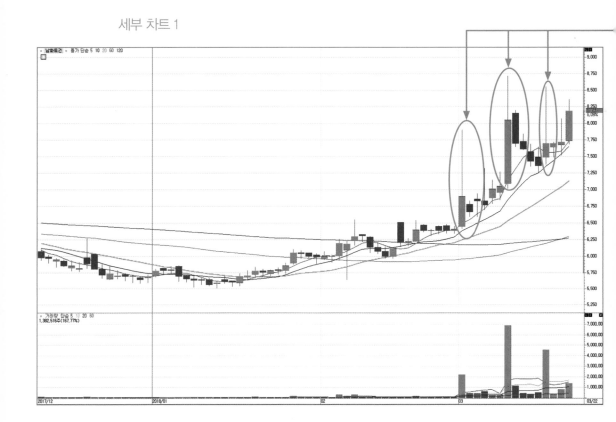

주가가 상승한 기간은 3개월입니다. 앞의 2개월은 완만하게 상승합니다.

최근 한 달간 주가를 보겠습니다. **장중에 주가를 크게 끌어올렸다 하락하기를 반복하다** 오늘까지 왔습니다.

주가는 어느새 8000원대입니다. 오늘의 주가를 살펴보겠습니다. 앞에서는 주가를 끌어올리고 밀렸는데 오늘은 얼마 밀리지 않고 끝났습니다. 자세히 보면 앞의 매물을 소화하고 있습니다. 앞의 요동치던 시기에 쌓인 매물을 소화해 냈습니다.

생각해 봅시다. 매물을 소화하고 주가는 8190원입니다. 1년 전 고점인 9000원대에 악성 매물이 있는데 거침없이 단기 매물도 극복해 냈습니다. 무얼 의미할까요? 이건 올라가는 종목이라는 겁니다. 오늘 매물을 극복했으니 내일 돌파 시도가 나올 가능성이 매우 높습니다. 장대양봉이 나올 자리인 것이죠. 내일 아침에 초 집중해야 합니다!

세부 차트 2

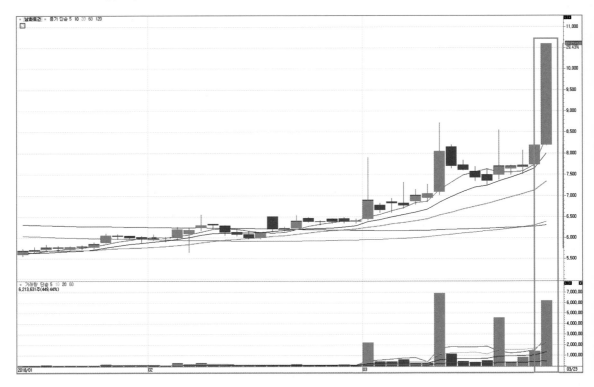

29.43% 상승. 상한가 안착!

요즘 데이트레이딩이 이래서 좋습니다. 상승이 15%짜리가 아니라 30%입니다. 노려보고 있다가 들어가서 수익을 챙기고 나올 확률이 훨씬 높아졌습니다.

올라갈 자리의 종목이 거래량이 터지면서 올라가면 기다릴 필요 없이 바로 공략하면 됩니다. 우리는 한입 먹고 나오는 데이트레이딩을 하려는 것입니다. 다 따지고 공략할 필요는 없습니다. 확신 있는 종목이 움직이면 바로 공략하는 편이 훨씬 효율적입니다.

이제 계좌에 돈을 쌓을 수 있겠다는 확신이 드나요? 그러나 아직 멀었습니다. 실전이 남아 있기 때문입니다. 수많은 종목을 찾아보고 매매해야 완전히 내 것이 됩니다. 그때까지 쉼 없이 노력하시기 바랍니다. 반드시 원하는 수익을 얻을 수 있을 것입니다.

분봉

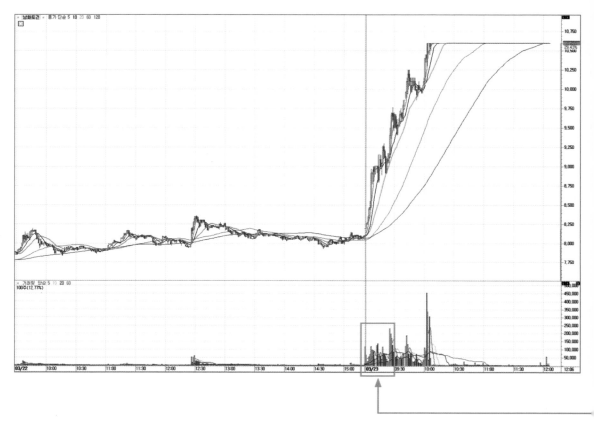

분봉을 보겠습니다. 장 시작하자마자 **거래량이 터지면서** 고점 돌파 시도를 하고 있습니다. 앞의 매물대를 돌파하려니 초장부터 강하게 밀어붙이는 것이죠. 대기하고 있다가 신호가 나오면 바로 들어가서 돈뭉치 하나 들고 나와서 쉬면 됩니다.

다시 말하지만 아무 종목이나 들어간다고 수익을 올릴 수 있는 게 아닙니다. 올라갈 자리에 있는 종목을 찾는 것이 첫 번째입니다. 그리고 거래량이 터지면서 상승할 때 한입 먹고, 운이 좋으면 자리 잡고 앉았다가 추가로 수익 챙기고 나오면 됩니다.

중요한 것은 수익을 올릴 수 있느냐는 겁니다. 먹을 자리를 찾아 공략할 수만 있다면 돈 걱정은 끝입니다.

끊임없이 상승하는 종목을
공략하라

장기 차트

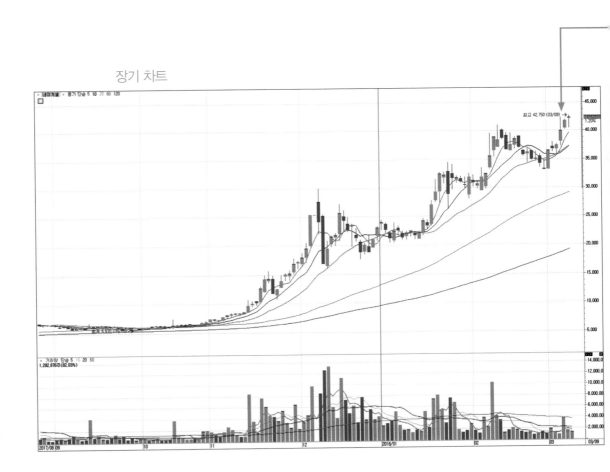

이 종목의 차트는 다른 종목과 다르죠. 장기간 상승하고 있습니다. 5000원대의 주식이 **4만원을 돌파**했습니다. 5000만원 주식을 가지고 있던 투자자가 1년도 안 되는 사이에 4억원으로 자산을 불렸다는 이야기입니다.

부동산으로 예를 들면 5000만원짜리 허름한 집이 개발 호재로 1년도 안 되는 사이에 4억원으로 올라간 겁니다. 요즘 5000만원짜리 집이 어디에 있으며, 있더라도 그게 1년도 안 되는 기간에 4억원으로 뛸 수 있을까요? 극히 어려운 일이지요. 하지만 주식에서는 종종 나옵니다.

실력과 운이 있다면 주식에서 큰돈을 버는 것이 가능합니다. 물론 어렵지만 기회는 늘 존재합니다. 하지만 지금은 대박을 배우는 것이 아니고 데이트레이딩을 배우는 겁니다. 한 번에 대박은 아니지만 꾸준히 돈을 벌 수 있지요. 차트를 확대해 살펴보겠습니다.

세부 차트 1

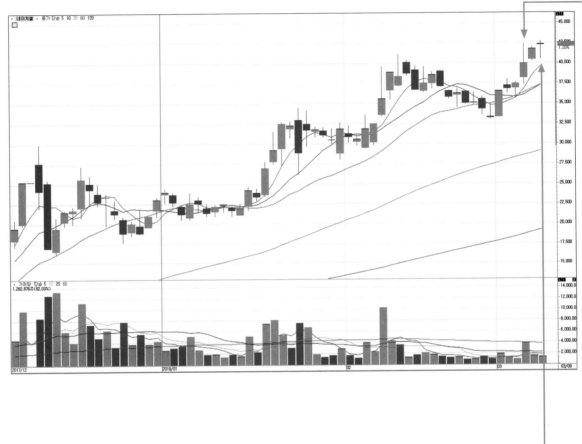

이 종목은 전형적인 상승 패턴입니다. 상승하고 약한 조정을 받고 다시 탄력을 받아 상승하는 것이죠. 하지만 언젠가는 시세 차익을 얻어야 합니다. 저가에 매수한 종목을 고가에 누군가에게 떠넘겨야 합니다. 누군가는 예전의 나, 바로 개미들입니다.

일반적인 차트 강의에서는 '신고가는 따라붙어라'라고 가르칩니다. 매물이 없으니 쉽게 올라간다는 것이죠. 하지만 데이트레이딩은 다릅니다. '신고가가 마지막 시세 분출할 때 따라붙어라'입니다.

개인 투자자는 경험이 없으니 신고가에 따라붙어도 손실이 납니다. 이걸 왜 사야 하는지, 언제 매도해야 하는지 모르기 때문입니다. 신고가 종목이 하락 추세에 접어들었는데도 보유하고 있다가 손해를 봅니다.

데이트레이딩은 그렇지 않습니다. 큰 수익은 불가능하지만 하락 추세에 물려서 마음 고생할 필요가 없습니다. 매수 타이밍에 들어가 돈뭉치 하나 들고 나오면 됩니다.

다시 종목으로 돌아가서 3일 전 캔들부터 살펴보겠습니다. 거래량이 늘고 다시 상승 시도를 하지만 **윗꼬리 달고 밀리죠**. 그런데 어제 오늘 **단봉이 나오면서** 윗꼬리 물량을 소화해 주고 있습니다. 매물이 소화됐으니 다시 상승시켜야겠지요? 데이트레이더는 이걸 노리는 겁니다. 물론 더 강한 시세 분출이 안 나오고 지지부진할 수도 있습니다. 그러니까 거래량을 봐야 하는 것이죠. 거래량이 터져 주면 들어가는 겁니다. 거래량이 없으면 건드리지 않습니다.

세부 차트 2

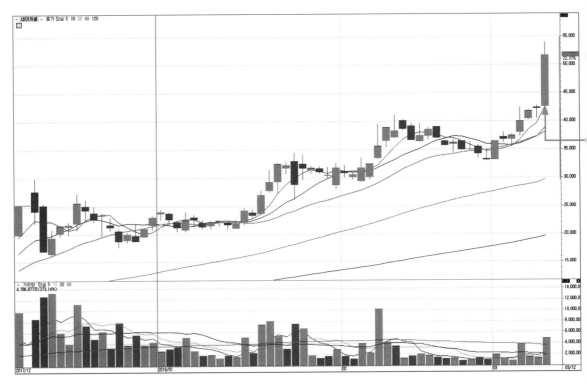

종가 기준 22% 정도 상승한 **강한 장대양봉**이 나왔습니다. 물론 장중에는 더 높이 올라갔습니다. 4만2000원대 주식이 5만2000원대까지 올라갑니다. 엄청나죠. 물론 우리는 이걸 다 먹을 수 없습니다. 이걸 다 먹을 수 있다면 우리는 금방 부자가 될 것입니다. 하지만 욕심을 부려서는 안 됩니다. 원칙대로 꾸준히 하는 것이 중요합니다.

원칙대로 꾸준히 한다면 돈뭉치 하나는 움켜쥘 수 있습니다. 그 이상은 운에 의한 수익으로 돌려야 합니다.

매매하는 모든 종목에서 큰 수익을 얻으면 좋겠는데, 실전에서는 아무리 준비한 종목이라도 실수하는 경우가 생깁니다. 큰 수익을 얻을 수 있는데 그러지 못하는 경우도 흔하죠. 그건 실력이 없는 게 아닙니다. 다른 트레이더도 마찬가지입니다.

중요한 것은 한 종목에서 큰 수익을 얻는 것이 아니라 '누적 수익을 쌓을 수 있느냐, 없느냐'입니다. 데이트레이딩은 한 종목에서 대박을 내는 게 아니라, 누적 수익을 쌓는 매매라는 걸 잊지 마시기 바랍니다.

분봉 1

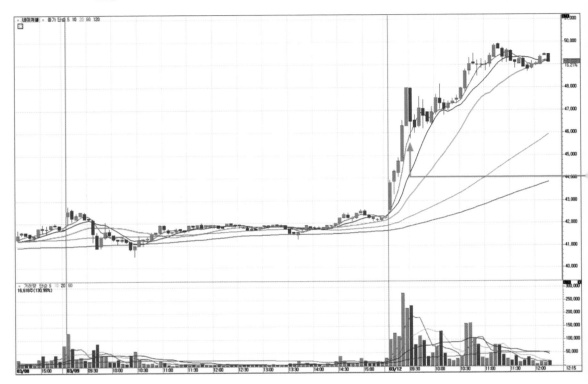

장 시작 **30분 만**에 4만8000원까지 단숨에 올라갑니다. 이후 시간을 두고 주가가 추가로 상승합니다. 일단 오전장만 제대로 준비했으면 주당 6000원이 올라갔으니 여기서 승부가 가능했을 겁니다. 급하게 올라가는 종목에 투자할 때는 빠른 결단이 필요합니다. 그러려면 종목 준비가 되어 있어야겠죠. 데이트레이딩 한다고 장중에 왔다 갔다 하다가는 아무것도 못 먹습니다. 해보신 분은 잘 알 겁니다. 초보 투자자 대부분이 하는 실수입니다. 지금부터는 중심을 잡고 매매하시기 바랍니다.

그래야 주식 투자로 밥을 먹을 수 있습니다. 데이트레이딩은 아침부터 오후까지 해야 하니 결국 직업이 되는 겁니다. 그러니까 돈을 벌지 못하고 실패했다는 것은 직장을 잃은 것과 마찬가지이지요. 직장에서 살아남아야 한다는 마음으로 주식 투자를 하시기 바랍니다. 최소 정년까지는 해야 되지 않겠습니까.

세부 차트 3

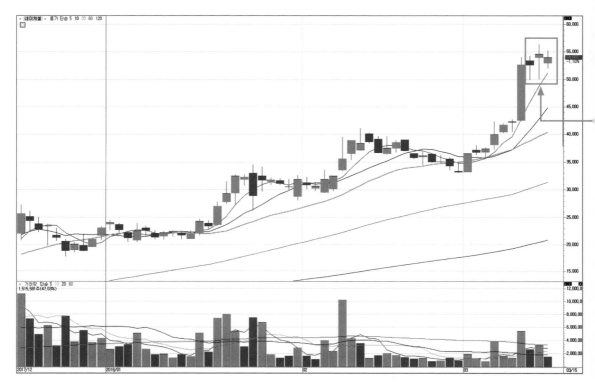

이 종목은 조금 더 살펴보겠습니다. 돈뭉치 하나 챙기고 끝내려고 했는데 장대양봉 윗꼬리에 **세 개의 지지 캔들**이 나왔습니다. 주가가 떨어지려 하면 밑에서 끌어올려 주고 있습니다. 이건 뭘까요? 돈뭉치 하나 더 챙겨 가라는 거죠. 시세 분출이 아직 안 끝난 거예요.

여기서도 중요한 것은 거래량입니다. 거래량 붙는 거 확인하면 들어가서 추가 수익을 올리고 나오면 됩니다.

그런데 아직 거래량이 붙지 않았죠. 보기만 하고 아직 매매하는 건 아닙니다. 물론 손절을 각오한 스윙매매라면 매수에 가담할 수 있습니다. 하락하면 매도하고 나오면 되니까요. 그러나 장중 주가 변동성을 이용해 수익을 얻는 데이트레이딩이라면 거래가 터질 때까지 기다려야 합니다. 주가가 안 움직이는데 미리 들어갈 필요는 없는 것이죠.

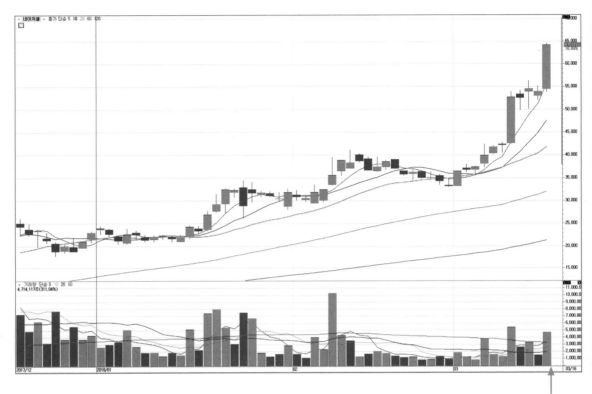

또 올라갑니다. **거래량 붙는 거 확인했나요?** 그럼 들어가서 돈뭉치 챙기세요. 쉽죠? 어렵다고요?

"실전에서 말처럼 쉽겠소?"

당연히 어렵습니다. 쉬우면 누가 무시당하면서 힘든 일 하겠습니까? 아무리 쉬운 것도 처음에는 어려운 법입니다. 노력이 필요합니다. 문제는 최소한의 노력도 안 하는 투자자가 대부분이라는 것이죠. 숙달되지 않은 투자자는 실전 매매보다 모의 투자를 통해 연습하시기 바랍니다.

바로 실전에서 매매하고 싶다고요? 그건 자유입니다. 그러나 생각대로 할 수 없는 것이 데이트레이딩입니다. 실전에 들어가기 전 모의투자를 통해 연습해야 하는 이유이지요. 꼭 하고 싶다면 적은 금액으로 매매하면서 실력이 붙으면 그때 투자금을 늘리시기 바랍니다.

분봉 2

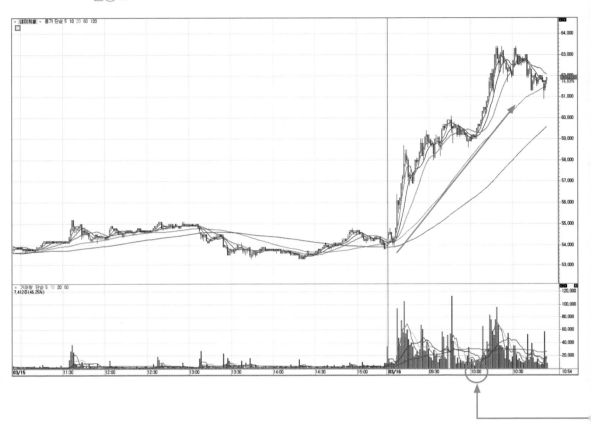

이번 상승도 장 개시 **한 시간 만**에 끝냅니다. 한 번에 큰 상승이 나오면 이후는 먹을 게 없습니다. 빨리 판단하고 들어가야 수익도 큽니다.

장이 시작하자마자 개인 투자자가 따라 들어오지 못하도록 한번에 쭉 끌어올리죠. 미리 종목을 찾아 놓지 않은 상태라면 첫 번째 상승 파동에서는 얻을 수 없었겠지요. 1차 상승 후 쉬었다가 다시 주가를 끌어올리죠. 이것도 어떤 종목인지 파악해 놓지 않았다면 역시 잡지 못했을 것입니다.

1차 상승 파동에 이미 주가가 많이 올라서 쉽게 접근하지 못한 상태가 되었습니다. 주가를 단숨에 끌어올린 선도 세력도 그걸 노린 것이지요. 그러나 미리 준비한 종목이라면 추가 상승도 가능하다는 것을 예상하고 2차 파동을 노릴 수 있습니다.

데이트레이딩이라도 매매할 종목을 미리 찾아 놓는 것이 이렇게 중요합니다. 내가 실전에서 수익을 올릴 확률을 1%라도 높일 수 있다면 당연히 종목 찾기를 거르면 안 됩니다.

대형 매물을 극복하는 종목을
공략하라

장기 차트

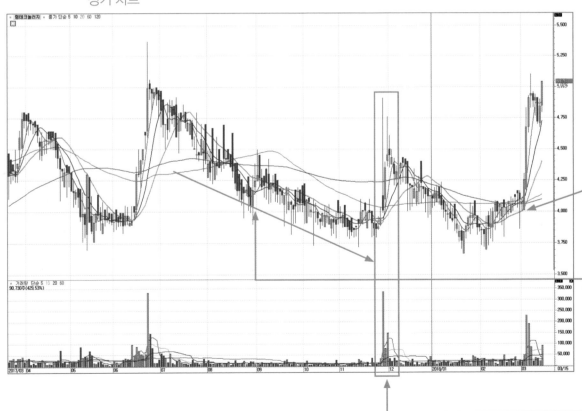

장기 차트를 보겠습니다. 이 종목은 주가가 하락하다 급등하고, 다시 하락하고 급등하는 패턴을 보이고 있습니다.

첫 번째 상승을 살펴보면 하락하고 횡보하던 종목이 단기간 큰 상승을 주고 약 **5개월 정도 하락**합니다. 고점뿐 아니라 하락 기간에 매매했던 투자자는 지옥 같은 시간을 보냈을 겁니다. 아무런 신호도 주지 않고 매일 조금씩 하락을 하니 지옥이 따로 없지요.

중간 표시된 부분에서 **시세를 주는데** 아주 짧은 시세입니다. 물론 전 고점까지 올라가지 못하고 하락하고 있습니다. 고점에 물려 있던 투자자는 매도 기회를 놓쳤을 것입니다. 일반 투자자라면 공략할 수 없을 정도로 시세 분출 기간이 짧았습니다.

이후 2개월 정도 하락하고 바닥을 서서히 올리고 있습니다. 거래량도 서서히 증가하고 있습니다. 그러더니 며칠 전 갑자기 **강렬하게 상승**해 주고 있습니다.

주가가 전고점까지 올라갔습니다. 이 종목의 역사를 살펴보면 항상 매물에 부딪쳐 무너졌습니다. 하지만 지금은 무너지지 않고 버티고 있습니다. 앞에 물려 있던 악성 매물이 쌓여 있음에도 무너지지 않고 버티고 있습니다.

악성 매물의 고점인 5000원 초반에서 물량을 소화해 줍니다. '이거 뭔가 있다'는 생각이 들죠? 차트를 확대해 보겠습니다.

세부 차트 1

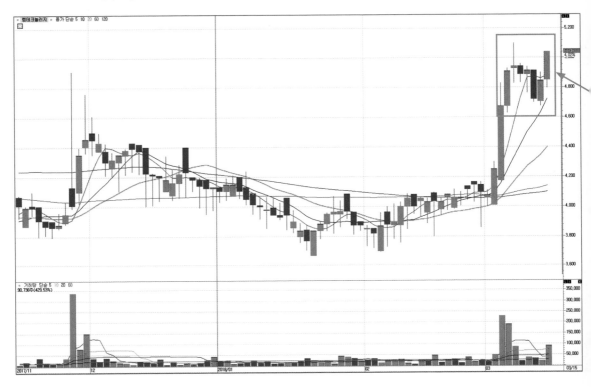

주가를 상승시켜 놓고 매물을 소화하고 있습니다. 고점까지 올라왔으니 본전 생각에 매도하는 물량을 아주 단단하게 소화해 주고 있습니다. 자신 없는 종목이라면 여기서 무너져야 하는데 오히려 주가가 상승합니다. 전고점의 매물을 다 소화한 겁니다.

오늘은 **위에 꼬리가 없는 양봉**입니다. 물량 소화가 끝났다는 거죠.

이제 뭐만 남았죠? 강력한 상승! 이 정도면 앞에 있는 5000원 중반의 매물까지 소화해 주고 돌파하겠다는 강력한 의지로 봐야죠. 준비된 종목이 시세를 분출하면 10% 이상의 먹거리를 확보할 수 있습니다. 내일 거래량만 터져 주면 돈뭉치 하나 챙기고 나오는 겁니다. 그럼 내일 봅시다.

세부 차트 2

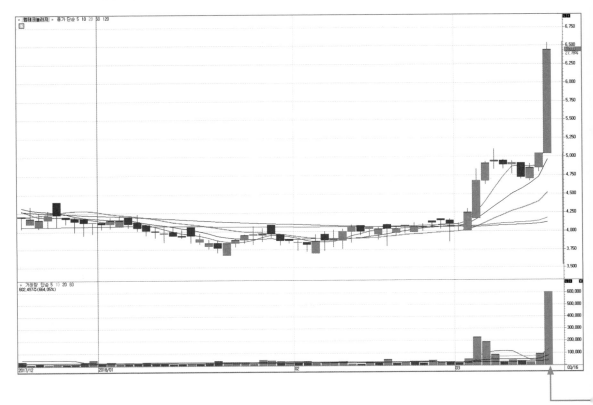

올라가죠. **중요한 것은 거래량**입니다. 거래량이 터져 주니까 올라가는 겁니다. 거래량을 확인하고 들어가면 됩니다. 다들 돈뭉치 하나 챙기셨죠? 못 챙겼으면 판 접으시는 게 낫습니다.

아무 종목이나 들어가는 것이 아닙니다. 올라갈 것이라고 분석한 종목을 거래량 확인하고 들어가는 겁니다.

상한가 안착은 못 했습니다. 중간에 들어가서 수익을 챙기고 다음은 투자자 각자가 판단하면 됩니다.

이렇게 매수해서 수익을 올릴 수 있는 종목은 널려 있습니다. 다만 본인이 찾지 못할 뿐이지요. 이 한 종목을 찾아 수익을 올리려고 하루 종일 종목을 연구하는 겁니다. 장이 좋다면 노력 없이 주식시장에서 수익을 올릴 수 있습니다. 그러나 평생 먹고 살 작정으로 하는 트레이더라면 얘기는 달라지지요. 직장 업무라 생각하고 열심히 종목을 발굴하시기 바랍니다.

분봉

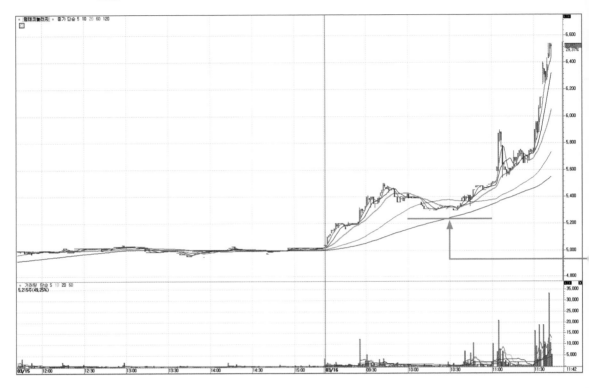

장 초반에 1차 상승 후 **잠시 조정**을 받고 10시 30분부터 다시 상승해서 상한가 찍으러 갑니다.

여기서 얼마를 버는가는 투자자의 노하우, 또는 운에 달려 있습니다. 실전에서는 상황 인식에 따라 초보자가 30%를 벌고, 고수가 5% 벌 수도 있습니다. 중요한 것은 '이런 종목이 나올 때 돈을 벌 수 있느냐'입니다. 벌 수 있는 실력이 있다면 한 종목에 매달릴 필요가 없는 것이죠. 왜냐하면 내일도 주식시장은 열리고 수익을 올릴 수 있는 종목은 또 나오기 때문입니다.

호가창을 통해 매수세의 강도를 체크하고 수익을 어디서 확정할 것인지, 매도했다면 다시 들어갈 것인지는 여러분이 실전에서 경험으로 익혀서 판단해야 합니다. 책으로는 알려줄 수 없는 내용입니다.

2단 돌파 시도는
항상 공략 준비하라

장기 차트

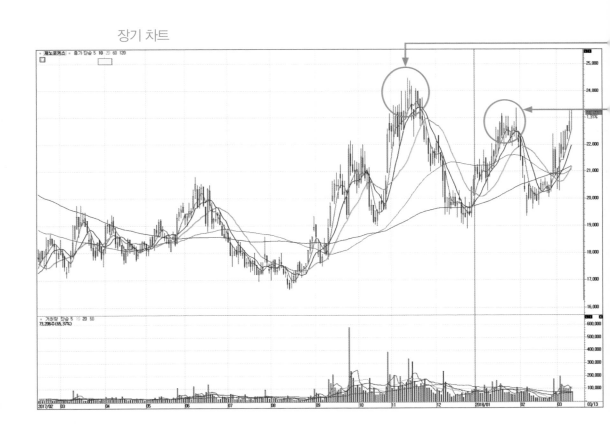

이 종목의 장기 차트를 살펴봅시다. 차트의 전반부는 별 볼일 없습니다. 수익을 얻을 만한 구간이 없는 종목입니다. 하지만 중반을 넘어오면서 다른 모습을 하고 있죠. 주가가 상승하고 있습니다. 1만7000원대의 종목이 상승을 시작하는데 얼마까지 올라가나요? **2만4000원을 뚫고 올라갔다가 내려옵니다.** 1차 상승이 마무리되고 1만9000원대까지 하락합니다. 그리고 다시 상승을 해요. **2만3000원까지 올라갔다가 다시 급락합니다.**

올라갈 때는 힘겹게 올라가는데 떨어질 때는 순식간입니다. 하락 속도가 빠릅니다. 매수했다가 어어! 하다가는 순식간에 물려 손실을 입을 수 있는 구간입니다.

그런데 다시 상승을 해요. 힘겹게 올라가더니 전고점까지 주가가 올라갑니다. 확대해 살펴보겠습니다.

세부 차트 1

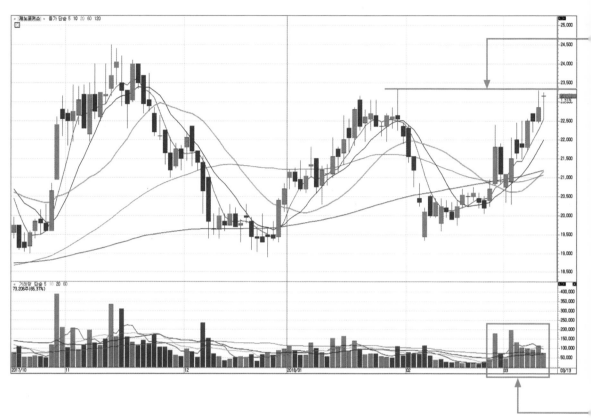

전고점 부근까지 주가가 올라왔습니다. 주가가 올라왔지만 앞의 전고점처럼 돌파 시도가 실패할 수도 있어요. 하지만 앞의 전고점과 차이가 있습니다. 바로 **거래량입니다.** 주가가 상승을 시작하면서 거래량이 늘어난 모습을 확인할 수 있습니다.

뭘 의미하죠? 나오는 물량을 받아 주고 있는 거죠. 전고점 돌파 시도 전에 나오는 물량을 미리 받아 주고 있습니다. 생각해 보세요. 주가를 올릴 생각이 없는데 나오는 물량을 왜 받겠습니까. 올릴 생각이 있기 때문에 물량을 받아 주는 거죠.

물량을 미리 받는다는 것은 주가를 크게 끌어올릴 생각이 있다는 겁니다. 지금까지는 주가를 살살 올렸는데 이제는 크게 한번 올릴 가능성이 높은 것이죠. 전고점 돌파를 시도할 때는 실패하거나 강하게 끌어올립니다. 미리 매집한 종목이니 강하게 끌어올릴 가능성이 높은 것이죠. 데이트레이딩을 할 수 있는 강한 상승세가 나올 가능성이 높습니다.

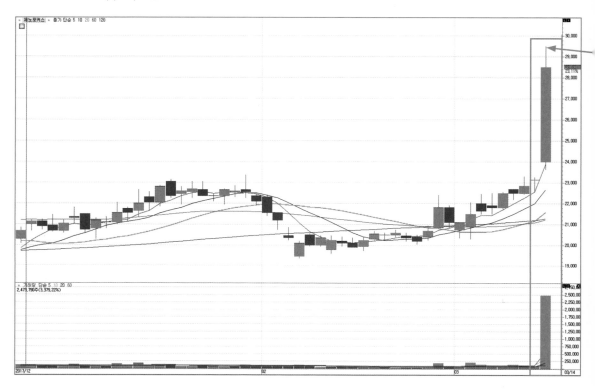

한 번에 강하게 주가를 끌어올립니다. 전고점을 단숨에 뚫어버리고 장중 2만9000원대까지 밀고 올라간 모습입니다. 종가 기준 23%짜리 장대양봉이 나왔습니다. 주당 5000원의 상승폭입니다. 제가 알려드린 기본만 열심히 연습했다면 주당 최소 1000원은 먹고 나왔을 겁니다. 아무리 초보라고 해도 몇 백원은 벌었겠죠.

데이트레이딩의 매력은 매일 장중에 수익을 챙길 수 있다는 것입니다. 또 다른 매력은 장중 대응 능력에 따라 수익이 달라진다는 겁니다. 초보가 1000만원을 벌 수 있고 고수가 몇 백원밖에 못 벌 수 있어요. 초보도 원칙만 지키고 매매한다면 높은 수익이 가능하다는 것이죠.

중요한 것은 주식으로 돈을 벌 수 있다는 사실입니다. 벌 수 있는 능력이 있다면 매일의 결과에 연연할 필요가 없습니다. 매일의 수익에 연연하면 아직 초보입니다. 이 바닥 초보는 오늘 얼마 벌었다 자랑합니다. 겸손해야 다음에 매매할 때 흥분하지 않습니다.

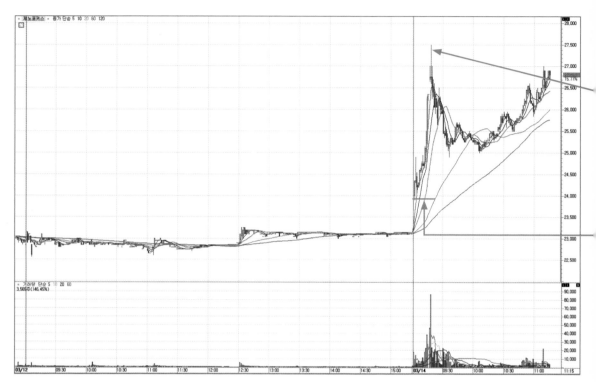

주가가 **갭상승 출발**하죠. 전고점이 눈앞에 있는데 갭으로 출발한다면 시작 전부터 매수 물량이 넘쳐난다는 것이죠.

이 종목을 우리만 노리고 있는 게 아닙니다. 전국에 꾼들이 다 모여 있어요. 그러다 보니 아침 30분 만에 **상승이 끝나** 버립니다. 우물쭈물 하다가는 놓치는 거죠.

준비하고 있다가 호가창에 매수세가 붙는 것을 확인하면 들어가는 겁니다. 실패할 확률은 적고 먹으면 10%, 20% 수익이 가능한 지점에 들어가야 합니다. 1000만원 들고 들어갔다가 100만원, 200만원 들고 나오는 겁니다. 그러려면 이 종목의 흐름을 알고 미리 매매 시나리오를 준비하고 있어야 됩니다. 그래서 제가 장기 차트부터 쫙 펼쳐 놓고 하나하나 설명해 주는 겁니다. 종목의 역사와 함께 어떻게 세력이 개입되어 있고 시세 분출 자리는 어디인지 확실히 분석해야 합니다.

그러지 않으면 장중에 주가가 올라가도 구경만 하게 됩니다. 주가가 왜 올라가는지 모르니까 시세가 분출하는데도 확신이 없어 망설이게 됩니다. 그러는 사이 주가 상승은 끝나 버립니다. 아니면 시세 분출의 끝자리에 들어가 물리게 됩니다. 그리고 '데이트레이딩은 어려워 못하겠어'라고 말하게 되지요. 또는 '주식 투자 절대로 하지 마라'라고 합니다. 준비 없이 주식 투자 했다가 망한 사람들이 하는 소리입니다.

시세 분출 후 2차 전고점 돌파를
노려라

장기 차트

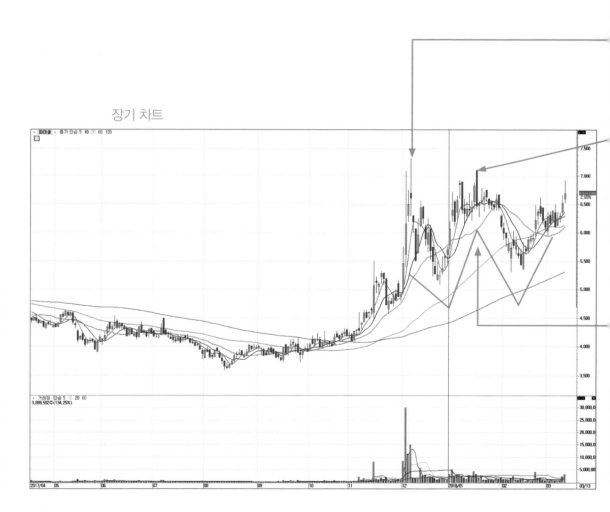

이 종목은 주가 움직임이 없다가 6개월 전부터 완만히 상승하고 있습니다. 이러면 기업 호재가 있는 경우가 많습니다. 기업 가치에 변화를 줄 만한 재료가 있어서 움직이는 것이죠. 보통 재료 발생 전에 움직이니까 기업 사정을 알지 못하는 이상 접근하기 쉽지 않습니다.

그러다 약 4개월 전 **대시세를 분출합니다.** 3000원대의 주식이 7000원을 돌파합니다. 하지만 버티지 못하고 밀리고 맙니다. 5000원은 깨지 않고 버티다가 다시 상승을 하는데 이번에도 **7000원을 돌파합니다.** 조금 버티는가 싶더니 다시 5000원대로 밀립니다. 이 정도면 시세가 끝날 수 있는데 다시 주가를 끌어올립니다. 차트가 어떻게 만들어져 있는지 봅시다.

시세 분출 후 **W모양을 하고 있죠.** 시세 분출 후 다른 종목이었으면 밀렸을 텐데 다시 돌파 시도가 나옵니다. 이유가 뭘까요?

거래량이 없습니다. 뭘 의미하죠? 주가를 끌어올린 세력이 매도를 못했다는 겁니다. 주가를 이렇게 끌어올렸으니 매도하려면 거래량이 있어야 합니다. 차트는 속여도 거래량은 못 속입니다.

매도를 못 했으니 다시 주가를 끌어올려야죠. 그래야 개미들이 불나방처럼 달라붙을 거 아닙니까. 그때 세력이 매도하는 겁니다. 참지 못하고 매수한 투자자는 불나방처럼 타 죽는 겁니다.

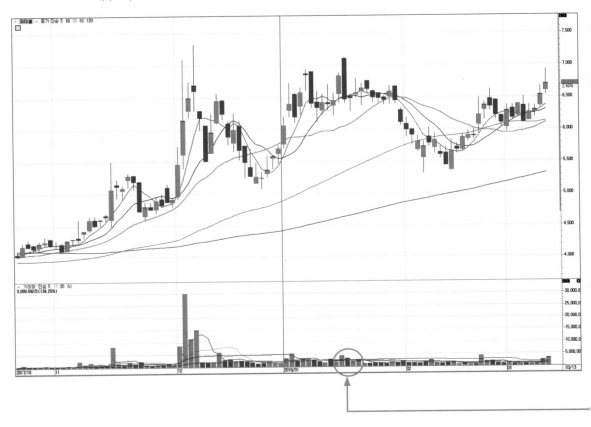

이 종목은 7000원 초반의 고점과 7000원 중반의 고점을 가지고 있습니다. 2중 고점이죠. 그런데 다시 주가를 끌어올립니다. 그냥 보기에도 매물이 겹겹이 쌓여 있는 모습입니다.

그런데 두 번째 고점을 살펴보세요. **거래량이 없습니다.** 그러니까 두 번째 고점은 의미가 없습니다. 물린 매물이 없다는 것이죠. 앞의 고점만 의식하면 됩니다. 주가가 전고점을 돌파할 경우 두 번째 고점은 쉽게 돌파할 수 있다는 뜻이죠.

그리고 앞에서 설명했듯이 세력이 물량을 정리 못 한 종목입니다. 개인 매물이 아니라는 것이죠. 세력 매물입니다. 데이트레이딩 조건에 맞춰 주가를 끌어올릴 가능성이 매우 높습니다. 장 시작부터 살펴봐야 하는 종목입니다. 거래량과 함께 움직이면 바로 공략에 들어가야 합니다.

세부 차트 2

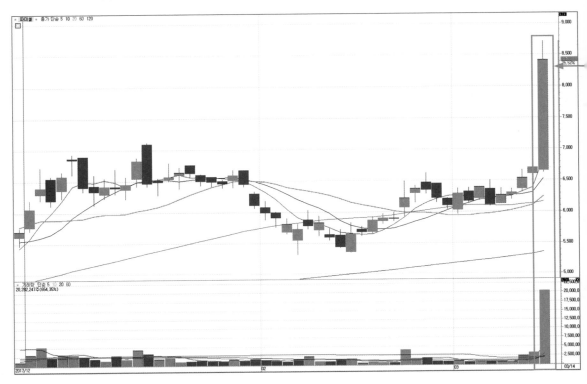

엄청난 거래량과 함께 전고점을 돌파했습니다. 상한가에 안착하지는 못했지만 **25% 상승 마감**했습니다. 미리 준비하고 있었던 종목이기에 수익을 올리고 나올 수 있었을 겁니다.

실전에서 전고점 돌파 시도 종목이 자주 나옵니다. 하지만 모든 종목이 전고점 돌파에 성공하는 것은 아닙니다. 그래서 전고점 돌파 종목을 노리는데도 성공 확률이 높지 않지요. 하지만 배운 대로 한다면 성공 확률은 매우 높아집니다. 우리가 공략해야 하는 종목을 정확히 알고 있기 때문이죠. 성공 확률이 높으니 실패로 잃는 금액보다 버는 돈이 더 많습니다. 주식으로 돈을 버는 일이 가능한 것입니다.

데이트레이딩으로 재벌은 될 수 없습니다. 하지만 돈 걱정 없이 살 수 있는 길은 개척할 수 있습니다.

분봉

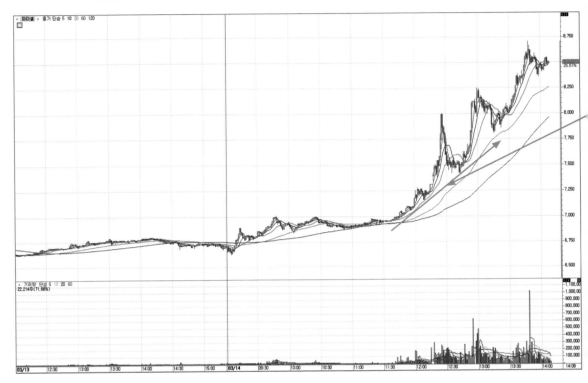

오전장부터 서서히 움직이더니 11시 30분이 지나자 본격적인 상승을 합니다. 그런데 1차 상승은 완만히 상승하다 급격히 올라주죠. 그리고 주가가 쭉 하락합니다. 처음에 따라 들어간 트레이더는 여기서 물량을 다 정리하고 나왔을 겁니다. 일봉으로 보면 현재 장대양봉에 윗꼬리가 생긴 상태입니다. 실전에서는 이런 캔들이 많이 나옵니다. 30%까지 올라갈 수 있기 때문에 주가가 올라가면 차익 매물이 쏟아지기 마련이지요.

여기서 얼마의 수익을 얻고 끝내느냐, 다시 공략해 수익을 극대화하느냐는 트레이더의 장중 판단에 따라 달라집니다. 그래서 똑같은 종목을 매매하더라도 트레이더마다 수익이 달라지기 마련입니다.

얼마를 버느냐는 장중 대응 능력과 판단에 달려 있습니다. 이 종목으로 20% 이상의 시세를 얻지 못하고 3%의 수익을 얻었다 해도 실망할 필요는 없습니다. 중요한 것은 얼마를 벌든 내가 꾸준히 벌 수 있다는 겁니다. 작은 수익이라도 내 실력으로 버는 것이 중요합니다.

상승신호 캔들을 공략하라

장기 차트

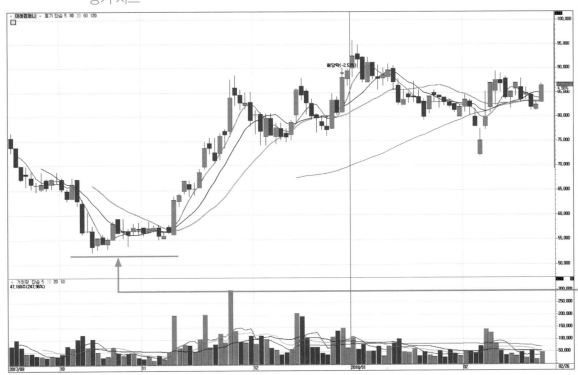

장기 차트를 보면 **5만5000원대에서 바닥을 다지고 상승**하는데 9만5000원까지 돌파한 모습을 볼 수 있습니다. 비싼 주식 치고는 크게 올랐어요. 이런 종목은 재료에 의해 움직이는 경우가 많습니다.

데이트레이딩이라고 하면 보통 저가주, 싼 주식을 주로 매매하는 줄 압니다. 저가주에는 세력이 개입하기 쉽고 급등하는 종목이 많기 때문에 데이트레이더들이 많이 달라붙기는 합니다.

그러나 이제는 달라요. 꼭 저가주에 세력이 붙는 것도 아니고 비싼 주식이라고 데이트레이딩 기회가 없는 것도 아닙니다. 오히려 저가주만 찾다가 실패한 데이트레이더를 많이 봤습니다. 이제는 생각을 바꿔야 합니다. 주가가 얼마인지 따지기보다 매수 신호를 보내는 차트를 찾아 원칙대로 공략해야 합니다.

이 종목은 얼핏 봐서는 매수 신호가 나왔는지 잘 모를 수 있습니다. 조금 찾기 어려울 수도 있지만 분명히 매수 신호를 보내고 있습니다. 확대해서 찾아볼까요.

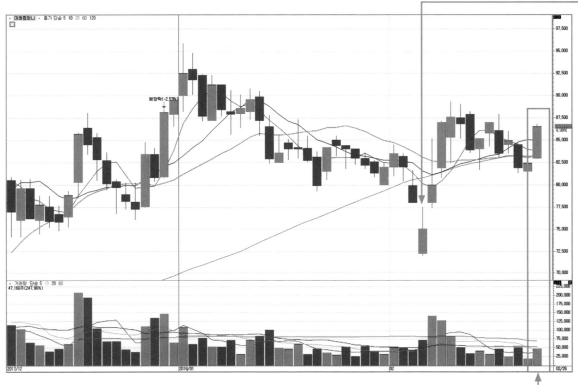

고점 찍고 주가가 하락합니다. **체크된 부분**을 살펴보면 주가가 갭하락 했다가 장중에 올려줍니다. 악재 때문에 급락했지만 매수세가 붙은 것이죠. 악재가 크면 연속적으로 하락하거나 주가가 회복하지 못했을 것입니다. 하지만 바로 저가 매수세가 붙으면서 제자리로 돌려놓습니다. 7만원 초반까지 떨어졌던 주가가 바로 8만원 중반까지 회복한 모습입니다.

일시적인 악재가 발생했지만 재료나 호재가 아직 살아 있다고 시장이 판단하고 있는 것이죠. '지금 끝날 종목이 아니다'라고 시장이 인정한 종목입니다. 이 정도 매수세라면 약간의 호재만 나와 줘도 주가를 위로 올릴 가능성이 높습니다. 호재를 기다리는 세력이 그만큼 강하다는 것이죠. 오늘 보세요. **거래량 증가한 5% 정도 상승 양봉**이 나왔습니다. 급반등한 다음 약간의 주가 하락 도중에 나왔습니다.

이 종목에 대한 재료를 미리 접한 투자자나 세력이 미리 물량을 사들이면 이런 모습이 나옵니다. 주가 반등 신호지만 이 종목의 내력을 생각할 때 선취매로 만들어진 캔들일 가능성이 높습니다. 당연히 곧 주가가 올라갈 가능성이 높지요. 내일이 될 수도 있고 조금 더 기다릴 수도 있지만 신호가 나왔다는 점에서 언제든지 공략할 수 있도록 준비해야 합니다.

장대양봉이 나와 줍니다. **윗꼬리가 달린 모습**이지만 장중에 11만원을 돌파하고 밀렸습니다. **거래량**은 두말할 것이 없이 폭증합니다. 장대양봉이 나오려면 필수적으로 거래량이 터져야 합니다. 올라갈 자리에서 거래량이 터질 때 들어가서 돈뭉치 들고 나오면 되는 겁니다.

이 종목은 윗꼬리가 있죠. 저점에 매수해서 끝까지 들고 있다 고점 윗꼬리만큼 수익을 토해낼 수도 있습니다. 이런 일은 데이트레이딩을 하는 사람은 당연하게 받아들어야 합니다. 우리가 최저점에 사서 최고가에 팔 수는 없기 때문입니다. 때로는 수익 올린 것을 반납하기도 하지요. 그래서 누적 수익을 낼 수 있는가가 중요하다고 말하는 것입니다. 일단 얼마라도 수익을 내야 트레이더라 할 수 있겠죠.

주식 투자는 돈을 벌려고 하는 겁니다. 이런 종목에서 벌어야 밥값을 하죠. 실전에서 이런 종목이 나오면 관심 있게 지켜보시기 바랍니다.

분봉 1

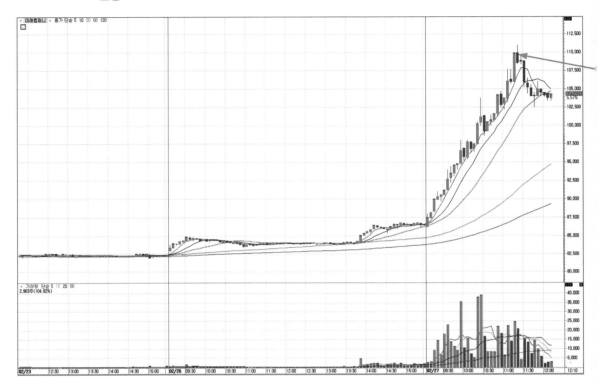

참 예쁜 차트입니다. 돈 벌기 쉽게 올라가고 있습니다. 이렇게 멋있게 올라가는데 돈뭉치 하나 들고 못 나오면 안 되겠죠.

장 시작부터 올라 **11시쯤 11만원을 찍습니다.** 장 개시 두 시간 만에 몇 십만원, 몇 백만원, 몇 천만원도 벌 수 있었던 겁니다.

예를 들어 100만원 매수했다고 해도 돈 10만원을 벌 수 있습니다. 하루 일당입니다. 최저시급보다 높습니다. 두 시간 만에 10만원이면 한 시간에 5만원입니다. 1000만원 들어갔다면 100만원 수익입니다. 이렇게 벌 수 있다면 자녀들 스마트폰 1년마다 최신형으로 바꿔줄 수 있습니다.

여러분이 노력해야 합니다. 힘들 수도 있습니다. 하지만 최저임금 받고 하는 일보다 훨씬 쉽습니다. 그런데도 기본적인 노력조차 안 하면 난 몰라요. 짜장면 얻어먹는 거 포기하겠습니다.

세부 차트 3

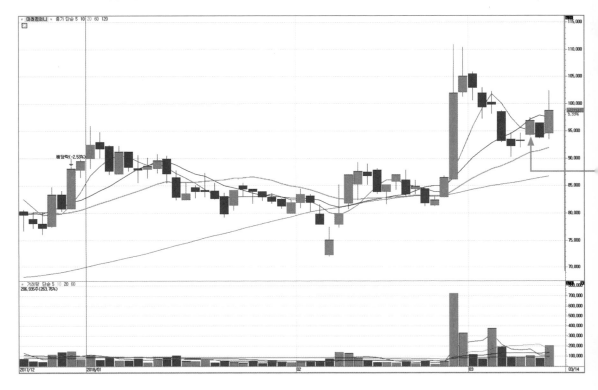

이 종목은 조금 더 살펴볼게요. 시간이 지나자 똑같은 패턴이 또 나오고 있어요. 수익을 올리고 추가로 살펴보니 주가가 올라가지 못하고 밀려 내려옵니다. '이거 끝났구나. 매도하길 잘했다' 하고 관심 종목에서 지워버리려 했는데 **3일 전부터 반등 조짐**이 보입니다. 공략하기 전과 똑같은 패턴이 나왔습니다. 들어가야 할까요? 말아야 할까요?

당연히 해야죠. 이런 종목 자주 나오는 거 아닙니다. 또 돈 벌라고 차트 만들어 주니 얼마나 좋습니까. 내일 거래량 터지는가만 확인하면 됩니다. 얼마나 쉬워요. 정신없게 보조지표로 도배할 필요 없습니다.

주식 쉽게 하면 됩니다. 복잡하면 뭔가 있어 보이지만 그렇다고 돈 버는 게 아닙니다. 다들 경험으로 이 정도는 아시죠. 아는데 실천 안 하시는 분들이 너무 많으셔서 다시 생각하시라고 말씀드립니다.

세부 차트 4

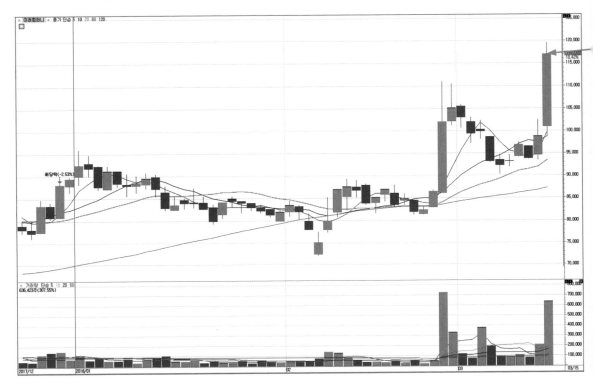

또 치고 올라가네요. 이번에는 **18%짜리 상승**입니다. 이 정도면 돈뭉치 하나 들고 나올 수 있습니다. 먹고 또 먹고, 이게 데이트레이딩입니다. 종목에 연연하지 말고 내가 공략할 수 있는 자리가 나왔는지 확인만 하면 됩니다.

하락 추세에 물려 고생할 필요도 없어요. 만약 이 종목을 첫 공략 지점에서 매수해 보유하고 있다고 생각해 보세요. 먹은 거 다 토해 내고 팔았을지 모릅니다. 오늘 반등이 나왔다 하더라도 잃어버린 수익을 찾는 정도였을 겁니다. 그동안 마음 고생이 얼마나 심했겠습니까. 지금 배우는 데이트레이딩의 장점은 마음 고생을 안 해도 되는 것이죠. 장중 매도할 때까지만 집중하면 됩니다. 데이트레이딩은 매매가 깔끔합니다. 뒤처리 때문에 고생할 필요가 없다는 것이죠.

분봉 2

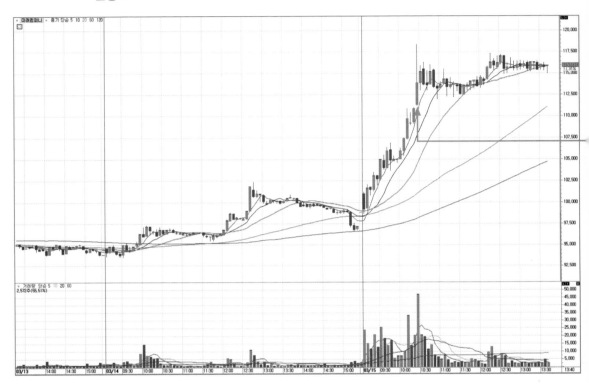

이 종목은 참 좋아요. 이번에도 깔끔하게 상승합니다. 10시 30분에 고점 찍고 두 시간 만에 승부가 납니다. 매수 자리에 들어가서 두 시간만 집중하면 인생이 조금이나마 편안해집니다.

그런데 안 할 겁니까? 차트 급소 자리에 있는 종목을 찾아 매수만 하면 되는 것이죠. 말처럼 쉽지는 않죠. 그래서 숙달될 때까지, 수익을 낼 수 있을 때까지 연습을 하는 것이죠. 그 과정 없이 수익만 원하니까 얻을 수 없는 겁니다.

이 종목의 장대양봉에서 나온 수익을 얻고 싶겠죠? 그러면 노력하세요. 됩니다. 언제까지요? 될 때까지입니다. 포기하지 말고 조금 더 노력합시다.

전고점 돌파 시도하는
장대양봉이 나오면 공략하라

장기 차트

장기 차트를 살펴보면 장기간 하락 추세입니다. 일시적인 반등은 나오고 있지만 하락 추세를 막지 못하고 있습니다. 최근 들어서야 주가가 상향으로 돌아서고 있습니다.

주가가 단기 고점을 찍을 때 **전에 볼 수 없었던 대량 거래가 터집니다.** 그리고 다시 하락하는데 최근 1주일 사이 주가 반등이 나오고 있습니다. 앞의 고점까지 주가가 올라간 모습이죠.

뭔가 그림이 만들어지고 있습니다. 앞에서 공부했죠? 이 차트에서 상승의 기운이 느껴지지 않습니까? 나만 느끼면 안 됩니다. 여러분도 느껴야죠. 그때까지 공부를 해보세요. 그리고 종목을 찾고 그 종목을 매매를 해보세요. 여러분도 남부럽지 않은 트레이더가 될 수 있습니다. 중간에 포기하기 때문에 못 하는 것이지요. 이 부분을 확대해서 살펴보겠습니다.

세부 차트 1

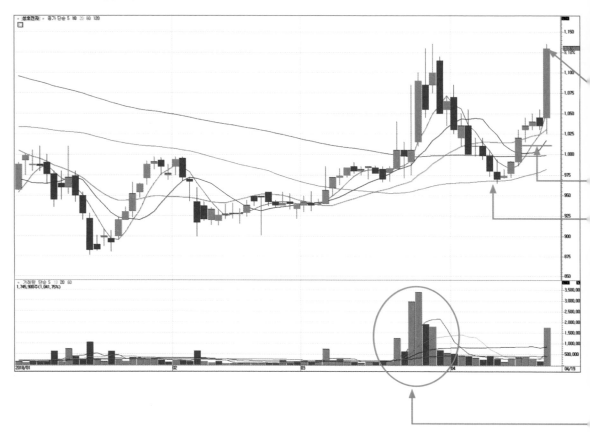

최근 5일간 주가 흐름을 살펴보겠습니다. 앞에서 주가가 1100원을 돌파했다가 다시 밀려 내려옵니다. 동전주를 탈출하려고 애쓰는 모습인데 버티지 못하고 다시 **1000원 미만으로 떨어집니다.**

만약 돌파 실패했다면 주가가 다시 올라가지 않겠죠. 그런데 다시 치고 올라갑니다. 5캔들 전 양봉으로 밀어 올리고 **지지 캔들**이 연속 세 개가 나옵니다. 거래량은 없지만 차트는 잘 만들어 놓고 있습니다. 그리고 오늘 9%대 상승이 나와 **전고점까지 주가를 올려놓습니다.** 그러나 더 올라가진 않습니다. 거래량 터진 걸 보면 오늘 치고 올라갔어야 되는데 그러지 못했습니다. 왜 그럴까요?

앞의 거래량이 너무 많아서 그렇습니다. 오늘 거래량 가지고 돌파하기 힘듭니다. 전고점을 돌파하려면 전고점보다 많은 거래량이 필요합니다. 그게 부족한 것이죠. 원래는 오늘이 공략 자리입니다. 만약 공략했다면 일단 이익 실현하고 나오는 것이 원칙입니다. 스윙 매매라면 그냥 들고 가도 되는데 지금은 데이트레이딩을 배우는 시간이기 때문에 원칙대로 매도합니다.

세부 차트 2

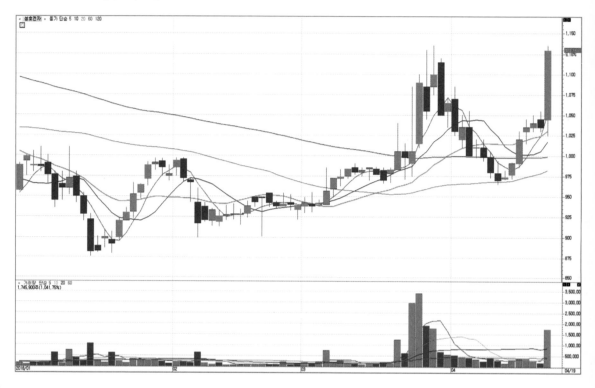

오늘 마감 후 보니 워낙 잘 만들어져 있습니다. 만약 오늘로 상승이 끝날 종목이라면 거래량 확실히 터져 주고 더 상승했어야죠. 그런데 주가가 전고점 앞에서 딱 멈춰 버렸습니다.

이건 무슨 의미일까요? 아직 상승 여운이 남았다는 거죠. 내일 상한가 같은 강한 장대양봉이 나오면 장기 차트 최고점인 1400원까지 올라갈 수 있는 자리입니다.

요즘은 하루에 30%까지 올라가니 세력의 전략도 달라졌어요. 하루에 원하는 걸 얻을 수 있기 때문이죠. 오랜 기간 하락한 주가를 며칠 작업으로 쉽게 제자리로 돌려놓습니다. 우리는 이러한 작업에 참여해서 수익을 올리면 됩니다.

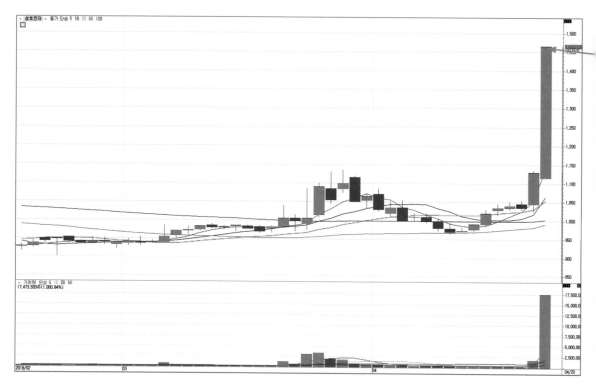

주가가 상한가로 마감합니다. 우리는 올라갈 자리에서 준비하고 있었으니 먹을 수 있었죠. **30%에 근접한 수익입니다.** 중간에 한입 먹고 나와도 큰 수익입니다.

돈뭉치 하나만 들고 나온다는 생각으로 접근하면 오히려 대박을 노릴 때보다 높은 수익이 가능합니다. 결과는 본인의 노력에 달렸다는 것을 잊지 마시기 바랍니다.

많은 투자자들이 누구나 쉽게 책 한 권만 보면, 또는 한 번만 들으면 바로 데이트레이딩을 할 수 있다고 착각합니다. 원어민과 영어 한마디 하려면 수십 번, 수백 번 연습해야 합니다. 그런데 주식시장에서 돈을 벌어보겠다고 뛰어든 분들이 노력은 하나도 안 합니다. 비법이라고 해놓고 한 번 들어서 내 것이 되면 비법이 아니지요. 그것이 내 것이 될 때까지 연습을 해야죠.

장대양봉이 만들어질 때 돈뭉치 하나 들고 나오려면 끊임없이 노력해야 합니다.

분봉

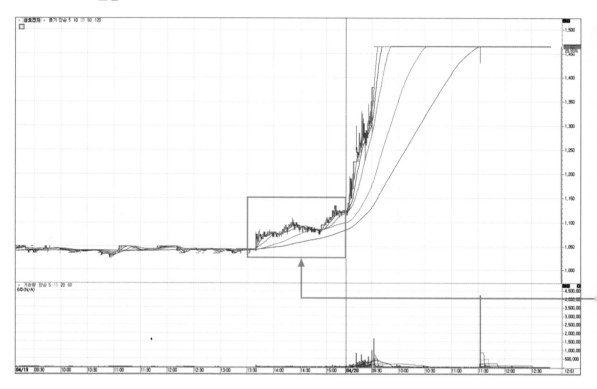

278

분봉 차트를 보니 거의 30분 만에 상승이 끝나 버립니다. 30% 올리는 데 한 시간도 안 걸립니다. 예전 15% 때와는 힘이 달라요. 우리도 충분히 장중에 들어갈 수 있습니다. 하지만 이렇게 짧은 시간에 올라가니 충분한 준비가 되어 있어야죠.

'이거 왜 올라가지' 하며 뉴스 찾아보다가는 그 시간에 상한가로 마감합니다. 미리 종목을 찾아놓고 대응하면 어렵지 않게 공략 가능합니다.

이 종목은 어제 9%짜리 양봉이 나왔죠. **어제 오후장부터** 거래가 달라집니다. 충분히 오늘의 움직임을 예상할 수 있었습니다. 누구나 준비했다면 수익을 얻을 수 있는 종목이었습니다.

고점 바닥 확인한 종목의
3차 돌파 시도는 노려라

장기 차트

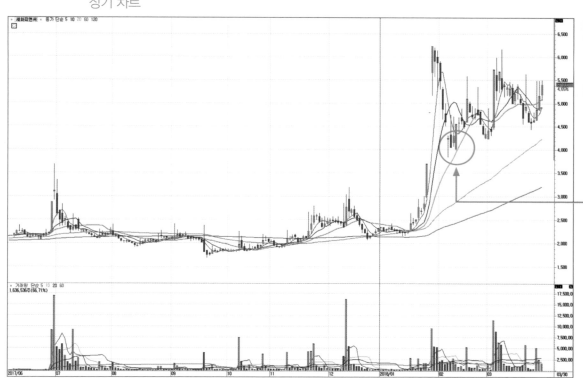

280

장기 차트를 보면 주가가 바닥을 다지다가 약 2개월 전에 폭등합니다. 약 200% 이상 상승하고 있습니다. 바닥 타법을 제대로 배웠다면 공략 가능했던 종목입니다. 오늘은 급등한 이후에 돈을 벌 구석은 없나 살펴보는 겁니다. 주가가 급등했다고 그대로 끝은 아니니까요. 상승 이후 6000원대까지 상승한 종목이 **4000원대까지 밀렸다가** 다시 반등하는 모습입니다.

차트를 큰 그림으로 본다면 주가는 박스권에서 움직이고, 저점은 높아지고 있습니다. 그리고 주가는 다시 전고점을 향해 올라가고 있습니다. 전고점 돌파 시도가 나올 가능성이 높은 종목인 것이죠. 이런 종목을 실전에서 찾아내야 하는 겁니다. 일단 상승 가능성이 높은 종목부터 발굴해야 됩니다.

자세히 살펴보겠습니다.

세부 차트 1

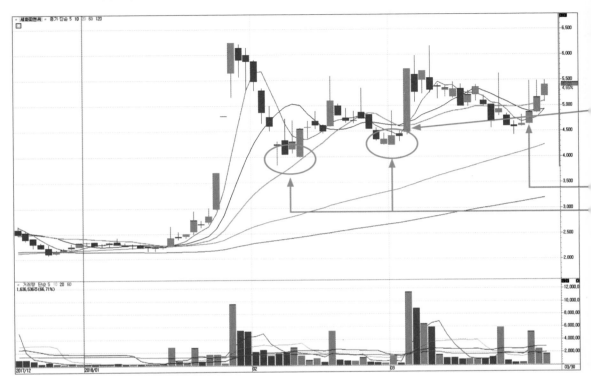

6000원대를 돌파한 종목이 4000원대까지 밀립니다. 200% 상승했다가 100% 반납했는데 이후 주가 흐름을 봤더니 **쌍바닥을 만듭니다.** 다음 **강한 장대양봉**으로 상승 시도 후 다시 밀립니다. 그러면서 3중 바닥을 만든 모습입니다. 고점 돌파는 실패한 듯합니다.

그런데 최근 3일간의 주가를 살펴보면 이게 의미가 있습니다. 첫 번째 고점은 급등했다가 밀렸기 때문에 **악성 매물입니다.** 급등하는 것 보고 따라 들어왔다가 갑자기 밀려 공포에 사로잡힌 물량입니다. 이게 조정을 받고 다시 돌파 시도를 하는데 실패합니다. 여기서 또 매물이 쌓입니다.

매물이 2중으로 쌓이면 다시 돌파 시도를 하기보다 떨어지는 것이 맞겠죠. 그러나 악성 매물이 코앞에 있음에도 불구하고 바닥 확인하고 3일간 주가를 끌어올리고 있습니다. 이런 상황에서 누가 주가를 끌어올리겠습니까? 세력입니다. 고점에서 주가를 다시 올리겠다는 신호가 나오는 것은 세력이 아직 잔존해 있기 때문이죠. 서서히 매물을 소화하면서 주가를 끌어올리니 거래량이 증가하고 있습니다. 이 정도면 다시 급등은 몰라도 고점 돌파 시도가 나올 확률이 높습니다. 내일 거래량이 터지고 고점 돌파 시도가 나오면 바로 접근하면 됩니다.

세부 차트 2

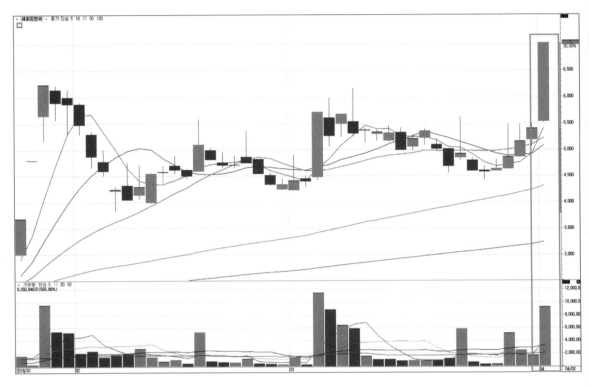

역시 돌파 시도가 나왔네요. 주가가 상한가에 안착했습니다. 어렵지 않죠? 간단한데도 상한가를 찾을 수 있습니다.

데이트레이딩 한다고 매일 돈을 버는 건 아닙니다. 한 달에 한 번만 제대로 벌어도 월급보다 많이 벌 수 있습니다. 데이트레이딩 한다고 매일 매매하는 분이 계시는데 그래봐야 돈이 안 됩니다. 오히려 수수료와 세금으로 다 나갑니다. 한 번이라도 제대로 잡는 것이 중요한 것이죠. 데이트레이딩도 원하는 종목이 나왔을 때 매매해야 합니다.

스나이퍼가 단 한 발을 쏘려고 오랜 시간을 기다리듯 제대로 된 종목 하나를 노린다는 생각으로 접근하시기 바랍니다.

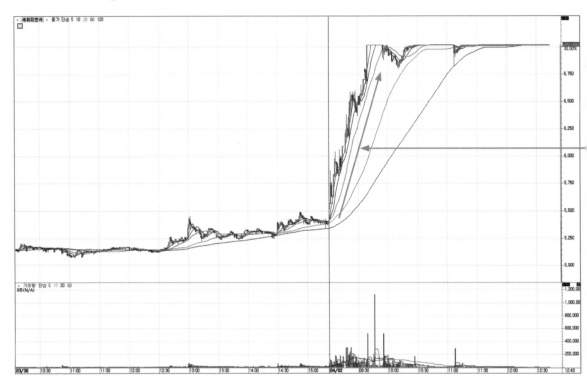

오전장에 볼일 다 봤습니다. 미리 종목을 준비하고 있었다면 놓칠 일이 없을 정도로 깔끔하게 올라갔습니다. 돌파 시도를 하는 것을 보고 들어가서 수익을 즐기면 됩니다.

이 종목은 매도 고민을 할 것도 없이 주가가 상한가로 향해 버립니다. 미리 준비하고 매수만 빠르게 했으면 오늘의 장대양봉은 내 계좌에 돈으로 쌓이겠죠. 이렇게 되려고 노력해야 하는 것이지요.

계좌에 돈이 들어왔나요? 이제는 그 돈을 가지고 뭘 할지 고민하면 됩니다. 주식시장에서 번 돈 가지고 무엇을 할지 고민하고 싶지 않으신가요? 그러면 지금부터 열심히 노력하십시오. 기회는 매일 열리고 있습니다. 당신도 그 기회를 잡을 수 있습니다.

최고점 돌파 시도를 노려라

장기 차트

장기 차트를 보겠습니다. 초반에는 주가가 하락하다 중간에 한 번 상승을 해주죠. 그리고 **최근 주가가 급등하고 있습니다.** 주가 급등 이후에 변동성이 큰 모습이지만 돌파 시도가 보이죠.

데이트레이딩 종목을 선정할 때의 가장 중요한 원칙은 지금 움직이고 있는 종목, 즉 시세를 주고 있는 종목을 찾아야 한다는 것입니다. 시세를 주고 있는 종목의 급소 자리를 찾아 노리는 것이지요. 이것만 할 줄 안다면 이제는 매수 타이밍을 잡는 연습만 하면 됩니다.

이 종목을 보세요. 척 보고 '이거 되겠구나' 하고 돈 냄새를 맡아야죠. 정말 돈이 될지 확대해서 살펴보겠습니다.

세부 차트 1

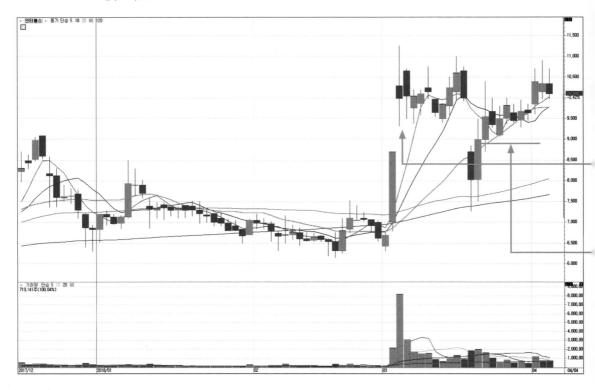

확대해 보니까 돈 냄새가 나네요. 전형적인 돌파 시도 종목입니다. 돌파 타법을 정통으로 써먹을 수 있는 종목입니다.

최근 보면 주가가 상한가 이후 **갭상승 합니다.** 이후 고점 돌파 시도가 실패합니다. 그리고 주가가 급락합니다. 왜일까요? 거래량이 없습니다. 거래량이 없으니 준비하고 있었다 하더라도 들어가지 말아야죠. 우리뿐 아닙니다. 다른 고수들도 준비하고 있었을 겁니다. 그러나 거래량이 없기 때문에 들어가지 않습니다.

급락 이후 바로 바로 **상승장악형이 나왔죠.** 주가가 급락했는데도 불구하고 바로 주가를 끌어올립니다. 이후 주가가 지지되고 다시 고점 부근까지 올라왔습니다. 차트가 이런 모습이면 바로 '세력이 아직 안 나갔구나' 하는 생각이 들어야죠. 그러면 고점 돌파 시도가 나오겠죠. 최근 주가를 끌어올린 세력이 이 정도로는 만족하지 못하고 있는 겁니다. 관심 종목에 세팅해 놓고 거래량이 터지기를 기다리면 됩니다.

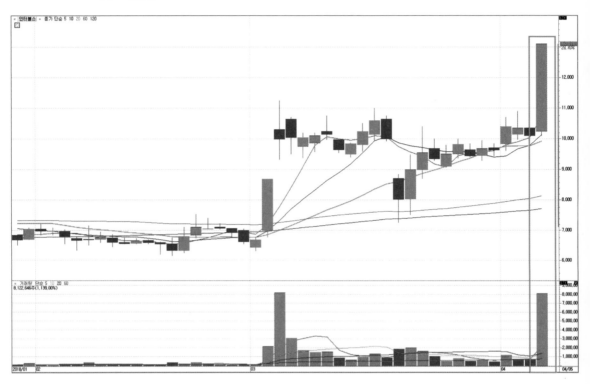

바로 상한가입니다. 쉽죠. 다시 말하지만 주식 투자 어렵게 한다고 돈을 버는 것이 아닙니다. 내가 마스터한 기법이 돈을 벌어 줍니다. 이렇게 알려 주는데도 돈을 못 버는 이유는 안 하기 때문입니다.

혹은 한 번 정도 해보고 안 합니다. 영어책 한 권 읽고 영어 한마디 해봤다고 미국 사람하고 대화할 수 없지요. 그런데 주식 투자는 희한하게도 책 한 권 보고, 한 번 대충 해보고 돈을 벌려고 합니다. 그것도 대박을 노립니다. 안되는 사람은 다 이유가 있습니다.

이제는 안되는 투자자에서 되는 투자자가 되십시오. 이제 나에게도 기회가 왔다고 생각하고 열심히 하십시오. 누가 아나요, 당신이 내년에는 슈퍼개미가 되어 있을지. 그때까지 끊임없이 노력해야 합니다. 슈퍼개미는 못 되더라도 밥은 먹어야죠. 그래야 주식 투자를 하는 보람이 있지 않겠습니까.

분봉

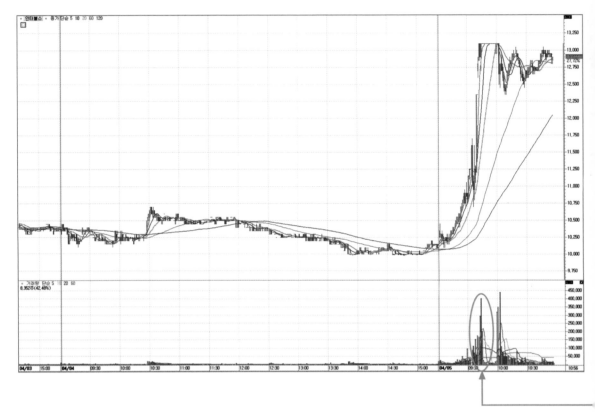

분봉을 보니 **거래량이 터지면서** 쭉 올라갑니다. 조정 구간도 없이 올라 갑니다. 올라타기만 했다면 바로 상한가까지 올라가는 겁니다.

30% 올라갔으니 최소한 10%는 먹을 수 있는 종목이었습니다. 1000만 원 들어갔으면 100만원짜리 돈뭉치 하나는 들고 나올 수 있었습니다. 한 번에 100만원이면 해볼 만하지 않습니까. 시간도 많이 걸리지 않아 요. 한 시간에 100만원입니다. 시급 100만원짜리 일자리를 노리십시오.

이렇게 상승하는 종목에서 돈을 못 벌면 어느 종목에서 돈을 벌 수 있 을까요. 매수만 했으면 무조건 수익 아닙니까. 준비를 안 했다가 이 종 목이 상승할 때 봤다고 생각해 보세요. 망설이다가 매수 타이밍을 놓칠 가능성이 높았겠지요. 그러나 전날 종목을 미리 뽑아 놓았다면 상승 타 이밍에 재빨리 들어가 상한가 안착이라는 기쁨을 맛보았을 겁니다. 이 종목이 상승할 때 많은 투자자가 봤을 겁니다. 그러나 수익을 올리는 투 자자는 극소수라는 것, 잊지 마시기 바랍니다.

이평선 지지 후 양봉으로 고개를 쳐들면 공략하라

장기 차트

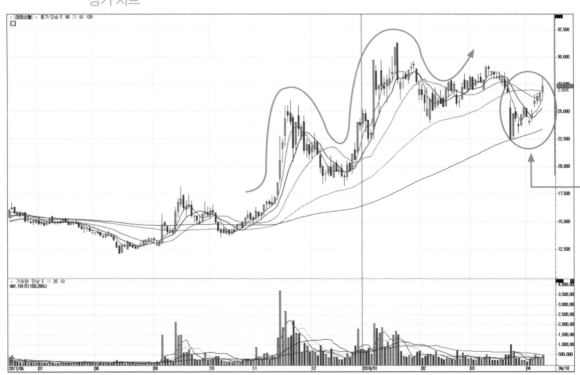

장기 차트를 보면 주가가 100% 이상 상승합니다. 그런데 깔끔하게 올라간 것은 아니고 요동치며 상승하고 있습니다. 최근 움직임을 보면 주가가 3만원을 돌파했다가 **급락했는데 다시 반등하고 있습니다.**

이런 종목은 놓치지 말아야 합니다. 고점에서 놀던 주가가 급락했다가 다시 고점을 향해 올라가고 있는데 놓쳐서는 안 되는 것이지요, 혹시 매매를 안 하더라도 이런 차트가 나오면 일단 관심 종목에 넣어 두세요. 종목의 움직임을 관찰하는 것만으로도 큰 도움이 됩니다. 살펴볼 만한 움직임입니다. 자세히 보겠습니다.

세부 차트 1

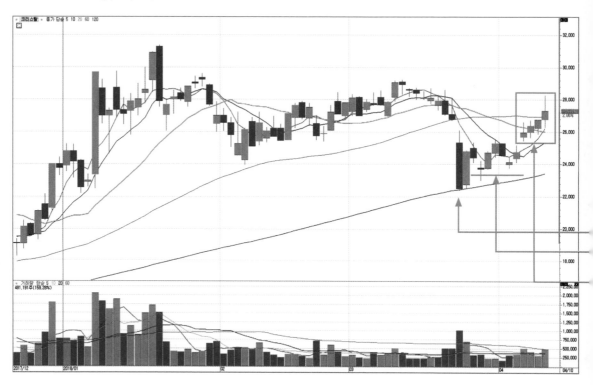

주가가 고점을 찍고 올라가지 못하고 완만히 상승합니다. 그러다 **갑자기 급락합니다.** 고점에서 이렇게 급락하면 다시 올라가지 못하고 떨어지는 것이 일반적입니다. 고점 찍고 상당 시간이 흘렀기 때문에 세력이 이탈했을 가능성도 있는 것이죠.

하지만 이 종목을 보세요. 주가가 급락하고 중기이평선에 걸립니다. 하락 추세에 접어든 것이라면 이평선 지지고 뭐고 없죠. 그냥 떨어지는 겁니다. 그런데 바로 주가를 끌어올립니다. **상승장악형**이 나왔습니다. 이후 지지를 받다 연속으로 상승 **양봉 네 개**가 나옵니다. 물량을 극복하는 연속 양봉입니다. 세력이 없으면 만들어질 수 없는 차트입니다. 고점 돌파 시도가 나올 가능성이 매우 높은 거죠. 바로 공략 준비합니다.

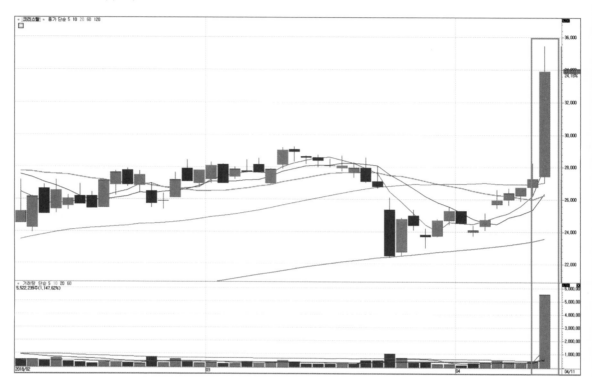

주가가 상한가 찍고 밀립니다. 이 정도면 못해도 10% 내외는 먹어야죠. 실력 있으면 20% 이상 벌었을 겁니다. 올라가고 난 후 차트를 보니 더욱 확실하게 알 수 있습니다. 우리가 올라갈 종목의 급소를 노린 겁니다.

그런데 여기서 중요한 것. 이걸 우리만 봤을까요? 많은 투자자가 봤을 겁니다. 하지만 수익을 못 올렸습니다. 그냥 보고 지나쳤기 때문입니다. 매매를 해야 돈이 되죠. 처음이라 어려우신 분들은 매일 연습하십시오. 돈으로 연결되는 결과가 나올 것입니다.

분봉

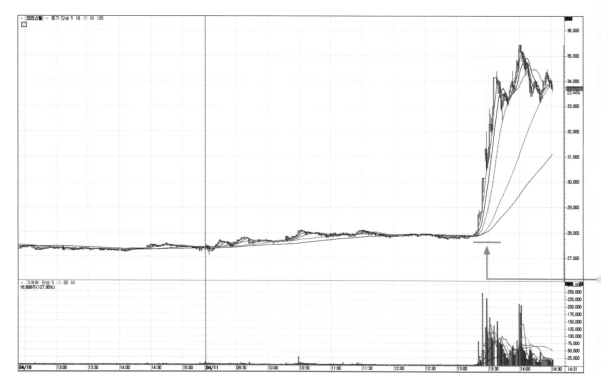

이 종목은 오전장에 올리지 않았습니다. **오후장에 갑자기** 상한가로 올려 버립니다. 미리 준비하고 있지 않았다면 못 잡았을 겁니다. 세력이 있는 종목은 주가를 갑자기 끌어올립니다. 주가를 끌어올리는 동안 개인들이 붙지 못하게 하려는 것이지요.

이런 종목은 실시간 종목 검색에서도 느리게 잡힙니다. 준비하고 있어야 잡을 수 있습니다. 미리 종목을 발굴하고 준비하고 있어야 빠른 대응이 가능합니다. 이런 종목에서 돈을 벌어야 주식에 투자하는 보람이 생기지 않겠습니까.

12 보락

최고점 돌파 시도가 나오면
공략하라

장기 차트

장기 차트를 먼저 살펴보겠습니다. 전반에는 주가가 완만히 하락하고 있죠. 장기하락 종목입니다. **중간부터 주가가 급등하고** 조정받으면서 상승하고 있습니다. 최근 **전고점 돌파 시도**가 나오고 있는데 추가로 올라갈 수 있는지 봐야겠지요.

큰 그림을 보면 변동은 심하지만 대세 상승 종목인 것이죠. 오늘 모습은 최고가를 돌파하지 못하고 밀리면서 윗꼬리가 달린 모습입니다. 과연 최고가를 돌파해서 신고가를 만들 수 있을지 궁금하죠. 이 종목을 보는 모든 트레이더들도 마찬가지입니다. 신고가 돌파 시도를 하는 종목은 트레이더들에게 관심을 많이 받을수록 좋습니다.

확대해서 살펴보겠습니다.

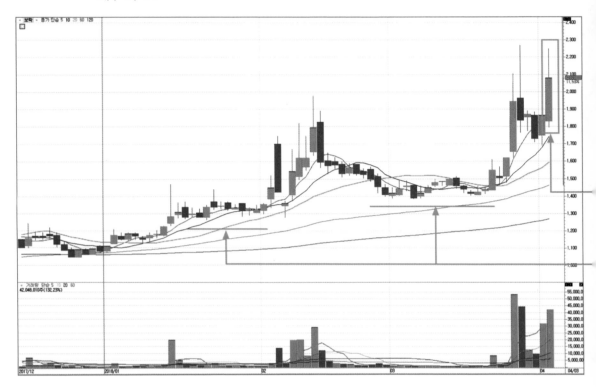

차트를 보면 주가가 상승한 후 **조정을 받고** 다시 상승하고 있죠. 전고점 돌파 시도를 해서 일단 성공한 모습입니다. 그러나 치고 올라가지는 못합니다. 윗꼬리 달리고 밀린 모습입니다.

특히 오늘 차트가 중요한데 윗꼬리가 달리기는 했지만 **고점 매물을 소화한 장대양봉**입니다. 고점 매물은 다 소화한 상태이기 때문에 올려 주기만 하면 됩니다. 주가가 이미 살아 있고 한번 치고 올라갈 강한 에너지를 가지고 있습니다. 내일도 강한 거래량이 동반하면 고점 돌파는 무난할 겁니다. 관심 종목에 넣어두고 내일 강한 거래량이 실리는지 확인하고 매매에 임하면 됩니다.

세부 차트 2

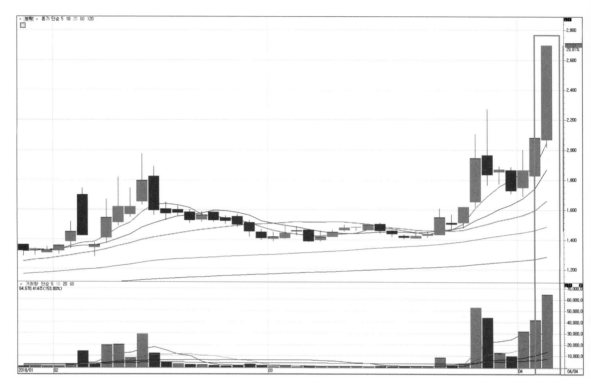

다시 주가를 끌어올리며 결국 고점 돌파에 성공한 모습입니다. 상한가가 나왔습니다. 보통 돌파 시도 전에는 돌파하려는 모습은 보이지만 조금 조심스러운 면이 있는데 이번에는 강한 양봉으로 확실한 에너지를 보여 주었습니다. 거래량도 늘고 전고점의 물량도 전부 소화해 주었지요.

이렇게 강한 종목이라면 놓치지 말고 공략해야 합니다. 실전에서 이런 종목을 잡아야 돈 버는 재미를 알지요. 이렇게 강한 에너지를 보여 주는 종목이라면 놓치지 말고 매매에 참여해 수익을 거두시기 바랍니다.

분봉

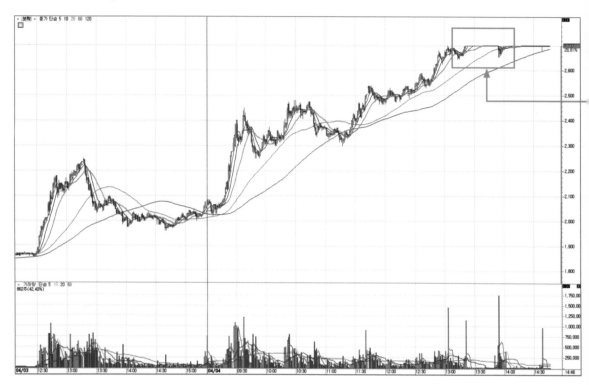

오전장에 치고 올라가 장 마감에는 결국 **상한가에 안착했습니다.** 차트를 만들며 움직인 종목이기 때문에 놓치지 말고 참여해야겠지요. 돈 걱정에서 벗어나는 방법은 이것밖에 없습니다. 잘 안되시는 분도 꾸준히 연습하면 반드시 실전에서 돈을 벌 수 있으리라 믿습니다.

자~ 이제 조금 감이 잡히나요? 이제부터는 실전입니다. 여러분의 계좌에 돈을 쌓느냐, 잃느냐는 이제 여러분의 능력에 달렸습니다. 부디 트레이더로 성공해 먹고 싶은 거 먹고, 사고 싶은 거 사고, 하고 싶은 거 하며, 마음대로 하는 인생을 사시길 바랍니다.

📖 북오션 부동산 재테크 도서 목록 📖

부동산/재테크/창업

장인석 지음 | 17,500원
348쪽 | 152×224mm

롱텀 부동산 투자 58가지

이 책은 현재의 내 자금 규모로, 어떤 위치의 부동산을 언제 살 것인가에 대한 탁월한 분석을 펼쳐 보여 준다. 월세탈출, 전세탈출, 무주택자탈출을 꿈꾸는, 건물주가 되고 싶고, 꼬박꼬박 월세 받으며 여유로운 노후를 보내고 싶은 사람들을 위한 확실한 부동산 투자 지침서가 되기에 충분하다. 이 책은 실질금리 마이너스 시대를 사는 부동산 실수요자, 투자자 모두에게 현실적인 투자 원칙을 수립할 수 있도록 해줄 뿐 아니라 실제 구매와 투자에 있어서도 참고할 정보가 많다.

나창근 지음 | 15,000원
302쪽 | 152×224mm

나의 꿈, 꼬마빌딩 건물주 되기

'조물주 위에 건물주'라는 유행어가 있듯이 건물주는 누구나 한 번은 품어보는 달콤한 꿈이다. 자금이 없으면 건물주는 영원한 꿈일까? 저자는 현재와 미래의 부동산 흐름을 읽을 줄 아는 안목과 자기 자금력에 맞춤한 전략, 꼬마빌딩을 관리할 줄 아는 노하우만 있으면 부족한 자금을 충분히 상쇄할 수 있다고 주장한다. 또한 액수별 투자전략과 빌딩 관리 노하우 그리고 건물주가 알아야 할 부동산지식을 알기 쉽게 설명한다.

박갑현 지음 | 14,500원
264쪽 | 152×224mm

월급쟁이들은 경매가 답이다
1,000만 원으로 시작해서 연금처럼 월급받는 투자 노하우

경매에 처음 도전하는 직장인의 눈높이에서 부동산 경매의 모든 것을 알기 쉽게 풀어낸다. 일상생활에서 부동산에 대한 감각을 기를 수 있는 방법에서부터 경매용어와 절차를 이해하기 쉽게 설명하며 각 과정에서 꼭 알아야 할 중요사항들을 살펴본다. 경매 종목 또한 주택, 업무용 부동산, 상가로 분류하여 각 종목별 장단점, '주택임대차보호법' 등 경매와 관련되어 파악하고 있어야 할 사항들도 꼼꼼하게 짚어준다.

초저금리 시대에도 꼬박꼬박 월세 나오는
수익형 부동산

현재 (주)기림이엔씨 부설 리치부동산연구소 대표이사로 재직하고 있으며 [부동산TV], [MBN], [한국경제TV], [KBS] 등 방송에서 알기 쉬운 눈높이 설명으로 호평을 받은 저자는 부동산 트렌드의 변화와 흐름을 짚어주며 수익형 부동산의 종류별 특성과 투자노하우를 소개한다. 여유자금이 부족한 투자자도 전략적으로 투자할 수 있는 혜안을 얻을 수 있을 것이다.

나창근 지음 | 17,000원
332쪽 | 152×224mm

주식/금융투자

북오션의 주식/금융 투자부문의 도서에서 독자들은 주식투자 입문부터 실전 전문투자, 암호화폐 등 최신의 투자흐름까지 폭넓게 선택할 수 있습니다.

주식투자
기본도 모르고 할 뻔했다

코로나 19로 경기가 위축되는데도 불구하고 저금리 기조가 계속되자 시중에 풀린 돈이 주식시장으로 몰리고 있다. 때 아닌 활황을 맞은 주식시장에 너나없이 뛰어들고 있는데, 과연 이들은 기본은 알고 있는 것일까? '삼프로TV', '쏠쏠TV'의 박병창 트레이더는 '기본 원칙' 없이 시작하는 주식 투자는 결국 손실로 이어짐을 잘 알고 있기에 이 책을 써야만 했다.

박병창 지음 | 19,000원
360쪽 | 172×235mm

누구나 주식투자로
3개월에 1000만원 벌 수 있다

주식시장에서 은근슬쩍 돈을 버는 사람들이 있다. '3개월에 1000만 원' 정도를 목표로 정하고, 자신만의 투자법을 착실히 지키는 사람들이다. 3개월에 1000만 원이면 웬만한 사람들 월급이다. 대박을 노리지 않고, 딱 3개월에 1000만 원만 목표로 삼고, 그것에 맞는 투자 원칙만 지키면 가능하다. 이렇게 1000만 원을 벌고 나서 다음 단계로 점프해도 늦지 않는다.

유지윤 지음 | 18,000원
264쪽 | 172×235mm

최기운 지음 | 18,000원
424쪽 | 172×245mm

10만원으로 시작하는 주식투자

4차산업혁명 시대를 선도하는 기업의 주식은 어떤 것들이 있을까? 이제 이 책을 통해 초보투자자들은 기본적이고 다양한 기술적 분석을 익히고 그것을 바탕으로 향후 성장 유망한 기업에 투자할 수 있는 밝은 눈을 가진 성공한 가치투자자가 될 수 있다. 조금 더 지름길로 가고 싶다면 저자가 친절하게 가이드 해준 몇몇 기업을 눈여겨보아도 좋다.

박병창 지음 | 18,000원
288쪽 | 172×235mm

현명한 당신의
주식투자 교과서

경력 23년차 트레이더이자 한때 스패큐라는 아이디로 주식투자 교육 전문가로 불리기도 한 저자는 "기본만으로 성공할 수 없지만, 기본 없이는 절대 성공할 수 없다"고 하며, 우리가 모르는 '기본'을 설명한다. 아마도 이 책을 보고 나면 '내가 이것도 몰랐다니' 하는 감탄사가 입에서 나올지도 모른다. 저자가 말해주는 세 가지 기본만 알면 어떤 상황에서도 주식투자를 할 수 있다.

최기운 지음 | 18,000원
300쪽 | 172×235mm

동학 개미
주식 열공

〈순매매 교차 투자법〉은 단순하다. 주가에 가장 큰 영향을 미치는 사람의 심리가 차트에 드러난 것을 보고 매매하기 때문이다. 머뭇거리는 개인 투자자와 냉철한 외국인 투자자의 순매매 동향이 교차하는 곳을 매매 시점으로 보고 판단하면 매우 높은 확률로 이익을 실현할 수 있다.

곽호열 지음 | 19,000원
244쪽 | 188×254mm

초보자를 실전 고수로 만드는
주가차트 완전정복

이 책은 주식 전문 블로그 〈달공이의 주식투자 노하우〉의 운영자 곽호열이 예리한 분석력과 세심한 코치로 입문하는 사람은 물론 중급자들이 놓치기 쉬운 기술적 분석을 다양하게 선보인다. 상승이 예상되는 관심 종목 분석과 차트를 통한 매수·매도 타이밍 포착, 수익과 손실에 따른 리스크 관리 및 대응방법 등 주식시장에서 이기는 노하우와 차트기술에 대해 안내한다.

최기운 지음 | 15,000원
272쪽 | 172×245mm

케.바.케로 배우는 주식
실전투자노하우

이 책은 전편 『10만원으로 시작하는 주식투자』의 실전편으로 주식투자 때 알아야 할 일목균형표, 주가차트와 같은 그래프 분석, 가치투자를 위해 기업을 방문할 때 다리품을 파는 게 정상이라고 조언하는 흔히 '실전'이란 이름을 붙인 주식투자서와는 다르다. 주식투자자들이 가장 알고 싶어 하는 사례 67가지를 제시하여 실전투자를 가능하게 해주는 최적의 분석서이다.

우영제 · 이상규 지음
23,500원 | 444쪽
152×224mm

자금조달계획서
완전정복

6 · 17 대책 이후 서울에서 주택을 구입하려는 사람이라면 (거의) 누구나 자금조달계획서를 작성해야 한다. 즉, 이 주택을 사는 돈이 어디서 났느냐를 입증해야 한다. 어떻게 생각하면 간단하고, 어떻게 생각하면 복잡한 문제다. 이 책은 이제 필수 문건이 된 자금조달계획서를 어떻게 작성해야 하는지, 증여나 상속 문제는 어떻게 해결해야 하는지를 시원하게 밝혀주는 가이드다.

택스코디 지음 | 15,000원
220쪽 | 133×190mm

딱 2번만 읽으면
스스로 가능한 종합소득세신고

이 책은 수입금액과 소득금액의 산정방법, 추계신고와 장부작성, 필요경비, 소득공제 항목과 종합소득세 세율, 세액공제와 가산세 순으로 설명한다. 이 순서는 종합소득세 계산 방법과 일치한다. 그러니까 이 구성대로만 따라 읽으면 종합소득세 신고의 기초는 단단히 다진 것이나 다름없다.

권호 지음 | 15,000원
328쪽 | 133×190mm

알아두면 정말 돈 되는
신혼부부 금융꿀팁 57

신혼여행 5가지 금융 꿀팁부터 종잣돈 1억 만들기, 통장 나눠서 관리하기, 주택정책, 청약통장 바로 알기, 카카오페이 같은 간편결제 이용하기, 신용카드, 자동차 보험, 실손보험 똑똑하게 골라 가입하기, 맞벌이 부부 절세와 공제혜택 등 신혼부부나 직장인이 한 번쯤 챙겨봐야 할 지혜의 선물.